# Joël Choqueux

# ABRÉGÉ D'ÉQUITATION

## GUIDE PRATIQUE POUR L'ÉDUCATION DU CHEVAL DE SELLE

# SOMMAIRE

# INTRODUCTION
## (les buts du dressage)

Cet abrégé d'équitation, comme son nom l'indique résume les points essentiels que le cavalier doit toujours avoir en tête et faciles à retenir. Le lecteur pourra toujours parfaire sa culture équestre, les bons livres ne manquent pas.

L'objectif final est d'obtenir un cheval agréable et facile à monter. C'est d'abord un cheval bien équilibré, Il peut l'être naturellement, s'il ne l'est pas, il sera amélioré pendant tout le cours du « dressage ».

A l'instar du colonel Jousseaume, je continue à employer le terme « dressage », dans le sens où il l'entendait. C'est-à-dire un cheval soumis à son cavalier, obéissant à ses plus légères indications, sans qu'il soit besoin d'effet de force.

Dans la mesure où l'on a décidé de monter sur son dos, pour satisfaire nos désirs, plus que nos besoins sans forcément lui demander son avis, quoi qu'on en pense nous en faisons un animal contraint avant d'en faire un véritable ami.

Ce manuel résume la planification, ainsi que les procédés que j'utilise pour l'éducation d'un cheval.

L'éducation d'un cheval se fait par étapes, elle commence par le débourrage. Dans ce manuel nous supposerons que cette étape est terminée, d'autant qu'il vaut mieux la confier à un professionnel du sujet, un professionnel qui ne cassera pas le cheval car un exercice mal conduit est nuisible et peut ruiner un cheval.

Il ne sera pas inutile de se fixer un grand objectif, subdivisé en périodes d'une part, puis en sous-objectifs intermédiaires. Ce grand objectif devra être:

A) Simple
B) Mesurable
C) Atteignable
D) Révisable
E) Temporaire

Pour réaliser cet objectif nous utilisons des procédés qui sont les moyens de l'atteindre.Ils doivent être réalisés dans une chronologie qui va du simple au composé.

La lecture de maîtres de l'œuvre équestre pourra être très utile, surtout pour ceux qui ne disposent pas d'un bon professeur et qui désirent pratiquer une équitation digne de ce nom, je citerai à titre d'exemples non exhaustifs : « Dressage » du colonel Jousseaume ; « L'équitation académique » du général Decarpentry ; « le gymnase du cheval » de Steinbrecht; le « traité d'équitation de La Guérinière, « la méthode d'équitation » de Baucher, etc. pour ne citer que ceux qui m'ont principalement aidé.

Le présent manuel est simplifié pour permettre à celui ou celle qui l'utilise d'avoir toujours en tête l'objectif du moment et les procédés qu'il va utiliser, Il est divisé en trois périodes, chacune a ses objectifs et ses procédés. J'ai ajouté les développements concernant l'effet d'ensemble, les flexions et les assouplissements

Si chaque cheval, chaque cavalier est différent, il n'empêche que le dressage comporte un certain nombre de principes immuables, issus d'une doctrine qu'il est indispensable de ne pas perdre de vue, C'est une sorte de grammaire équestre qu'il convient de connaître et d'adapter au profil de votre cheval.

Ces principes sont :
- S'équilibrer
- Avancer
- Tourner
- S'arrêter
- Reculer

Avant d'entamer la première période, le cavalier doit s'assurer que son cheval est correctement débourré, c'est-à-dire :
- En bonne santé
- Confiant en l'humain
- Qui se porte en avant et tourne au moyen de la rêne d'ouverture
- Qui est familiarisé avec les objets extérieurs (pont, gué, automobile,etc.)
- Qui se laisse monter sans broncher, première obéissance

Ensuite, les premières qualités à obtenir ou à développer sont :
- Calme, mais actif, il doit se porter en avant à la moindre pression des mollets
- Avoir un bon équilibre caractérisé par la légèreté de la main
- Avoir des allures naturelles améliorées, non détériorées
- Attentif à son cavalier
- Avoir un placer correct, légèrement en avant de la verticale

**PREMIÈRE PÉRIODE**
**Programme et objectifs**

- Action des deux jambes simultanées.
- Rêne d'ouverture.
- Variations d'allures entre allures et inter allure.
- Étude de la rêne contraire.
- Étude des flexions
- <u>Mise en main au pas</u>
- Étude de la jambe isolée, jusqu'à l'appuyer au pas.
- Descente de main.
- Descente de jambes
- Combattre les résistances : de poids = demi arrêt ; de force = vibrations.

## OBSERVATIONS:

### À propos des flexions.

Elles se commencent à pied et se finissent à cheval. On distingue :
1) Les flexions latérales à l'arrêt, puis au pas.
2) Les flexions directes à l'arrêt, puis au pas.

### À propos de la jambe i solée :

Commencer à l'arrêt, puis :
    En avant.
    a) Sur demi volte renversées.
    b) Hanches en dehors sur volte.
    c) Hanches en dedans sur volte.
    d) Tête au mur (renvers)
    e) Croupe au mur (travers).

**À-propos de l'impulsion** : savoir qu'il n'y a pas d'équitation sans impulsion.

<table>
<tr><td>1) Arrêt, pas et réciproquement.</td></tr>
<tr><td>2) Du pas au trot et réciproquement.</td></tr>
<tr><td>3) Trot assis v ers t rot e nlevé e t r éciproquement.</td></tr>
</table>

Ne pas oublier le principe : jambes sans main et main sans jambes. Le cavalier soucieux d' une équitation de qualité n'oubliera pas que cette première période est essentiellement consacrée au pas.

7

## LE PAS, LA MÈRE DES ALLURES

Le pas est la mère des allures a écrit Baucher, c'est à cette allure que l'élève apprend le mieux.

D'ailleurs le Comte de Lubersac (1713-1767) qui dirigea l'école des Chevau-légers à Versailles, après avoir été écuyer à la Grande Écurie, dressait ses chevaux exclusivement au pas. Après deux années, parfaitement assoupli, le cheval était ainsi dressé à toutes les allures. Au pas, il décelait toutes les résistances que le cheval présentait et était capable d'y remédier.

C'est un principe que l'on admet quand l'âge de monsieur est avancé, mais qu'il est difficile d'admettre à vingt ans et un peu plus.

Cependant, les élèves du comte de Lubersac qui fut le professeur de Montfaucon de Rogles et de d'Auvergne, deux brillants écuyers, trouvaient à l'issue du travail que le maître avait fait, des chevaux mis parfaitement aux trois allures.

Belle jeunesse, confiez donc votre cheval à un vieux briscard qui saura déceler les résistances, qui trouvent leur siège dans la mâchoire, mais dont l'origine se trouve souvent dans l'arrière-main. Et ainsi les délier.

**C'est le pas qui signe le dressage.**

Dresser un cheval, c'est avant tout rechercher la pureté des allures. Seul le cheval qui marche, trotte, galope harmonieusement, relaxé, cadencé, dans une attitude juste, avec légèreté et vibration pourra aborder les difficultés supérieures. Les autres apprendront peut-être, si leur cavalier fait preuve d'habileté, des choses compliquées ou spectaculaires : ils ne donneront jamais l'impression de facilité, de beauté et d'harmonie qui sont la marque d'une bonne équitation.

La véritable Haute-École réside dans la perfection des allures, à commencer par le pas. La lenteur et la douceur de l'allure du pas favorisent la communication cavalier/cheval.

Les problèmes d'attitude, d'équilibre, de relaxation musculaire, et d'appréhension pour certains, seront moins difficiles à résoudre, tant pour le cheval que pour le cavalier.

Le pas est par excellence l'allure de l'apprentissage, le cheval accepte beaucoup de choses au pas dans son physique et son mental. Elle permet au cavalier d'être plus précis et d'avoir du temps, au cheval de comprendre ce qu'on lui demande et de décomposer ses gestes. Les contractions sont souvent moins fortes, l'exercice plus facile.

# LES PROCÉDÉS DE LA PREMIÈRE PÉRIODE

## Procédé N°1 LA LEÇON DU MONTOIR

### Principales sources : George H Morris , Luc Pirick

Quand vous aurez lu ce manuel Si tant est que vous l'eussiez lu, vous saurez tout…et vous ne saurez rien. Vous saurez tout parce qu'il s'agit d'un énoncé de principes que l'on retrouve dans toutes les formes d'équitation. Mais vous ne saurez rien tant que vous ne les aurez mis en œuvre. Les difficultés commencent dès que l'on s'assoit sur le dos d'un cheval.

La leçon du montoir constitue le premier degré :

Il importe que le cheval se laisse monter, qu'il reste calme pendant et après les mouvements que fait le cavalier pour se mettre en selle. Il est singulier de voir des chevaux, soi-disant dressés, qui à peine leur cavalier en selle partent d'eux-mêmes aux allures vives, en leur faisant un joli bras d'honneur.

Pour apprendre au cheval à se laisser monter, le cavalier lui fait exécuter à pied quelques flexions d'encolure, puis il profite d'un repos pour se mettre tout doucement en selle. Je préconise l'utilisation d'un montoir, ce qui préserve le dos du cheval et l'habitue à rester calme, cela s'avère aussi pratique pour le cavalier âgé. Une fois à cheval, le cavalier caresse son cheval en le laissant au repos pendant un moment.

Si cela est nécessaire, on fait tenir le cheval par un aide, qui a soin de ne pas lui élever la tête. L'élévation forcée de la tête fatigue le rein qui va porter le poids du cavalier. L'aide pourra tenir les montants du bridon, jamais les rênes.

Ne jamais s'embarquer immédiatement à une allure vive, respectez un temps d'arrêt.

La méthode à la fois simple et sûre, quel que soit le type de cheval, consiste à prendre les rênes dans la main gauche et à se tourner vers l'arrière-main du cheval tout en plaçant la main gauche sur la partie supérieure de l'encolure ou en prenant une poignée de crins, voire le dessus du collier de chasse. Il faut s'assurer que les rênes sont d'égales longueurs et suffisamment courtes pour maintenir le cheval droit.

Si le cheval persiste, comme beaucoup le font, à se tourner vers le cavalier, il faut raccourcir encore davantage la rêne extérieure, droite par conséquent.

Même à pied, il devient alors possible de contrôler le cheval et le fait d'être tourné vers l'arrière-main de l'animal permet de surveiller ses mouvements et de juger du moment opportun pour monter ; cela permettra aussi si c'est nécessaire de le retenir et de l'empêcher d'avancer.  Le deuxième temps consiste à placer le pied gauche dans l'étrier, le gros orteil tourné vers la sangle. Un cheval sensible risque d'avancer si le cavalier lui enfonce l'orteil dans les côtes, parce que le doigt de pied agit alors exactement comme une action de l'éperon. Dans un troisième temps, il faut placer la main droite sur le trousequin de la selle. Si la main gauche est placée sur la partie supérieure de l'encolure et si la main droite tient le trousequin, il y a peu de chances de faire tourner une selle mal sanglée, puisque l'essentiel de la pression exercée par le cavalier porte sur le siège de la selle et non pas sur le côté.

En aucun cas cependant, il ne faut saisir la selle des deux mains. Même si la sangle est serrée, la selle risque de tourner.

Enfin dans un dernier temps, le cavalier balance le haut du corps pour se hisser et se coule tout doucement et lentement en selle ; il place le pied droit dans l'étrier, ajuste les deux rênes, et prend la position de base du cavalier à cheval.

Je ne saurais suffisamment insister sur le fait de « se couler ». Il y a une grande différence pour le cheval entre un cavalier qui se coule sur son dos et un cavalier qui s'assied. Les chevaux inquiets tendus ou ceux qui ont un dos « froid » ne supportent pas un contact brusque avec cette partie de leur corps ; le poids du bassin du cavalier appartient au domaine des aides et comme toute aide il faut s'en servir avec précaution et pas plus souvent que nécessaire.

NB : pour un cheval qui demande à « jeter le feu de l'écurie », il ne sera pas inutile de le détendre 15 à 20 minutes en longe.

Principales sources : Decarpentry, Jousseaume, Baucher, Fillis

Les flexions sont à entreprendre dès le début du dressage, juste après le débourrage. C'est par elles que l'on obtient la décontraction de toute la structure du cheval ; le ramener et la mise en main, donc l'équilibre grâce à la participation de l'arrière main qui doit rester active et favorise le placer du cheval (actif derrière, léger devant). Elles sont au programme de la première période

On peut les débuter à pied, ensuite à cheval dans l'ordre suivant :

1- Flexion latérale à l'arrêt.

2- Flexion latérale au pas.

3- Flexion directe à l'arrêt.

4- Flexion directe au pas.

Comme elles ont tendance à prendre sur l'impulsion, il faut réduire autant que possible les flexions en place.

Il faut bien distinguer les flexions d'encolure, de mâchoire et de nuque (ramener), bien que la flexion de mâchoire s'apparente plus à une cession. Le cheval cède dans sa bouche aux résistances qui y aboutissent.

Les flexions d'encolure doivent être utilisées avec modération chez les chevaux près du sang, au risque qu'elle devienne laxe. C'est pourquoi il faut limiter la participation de l'encolure dans les flexions latérales. A propos de l'encolure, il faut préciser que c'est une des parties du corps les plus importantes. C'est le gouvernail qui indique la direction dans laquelle doit se mouvoir le corps du cheval. Il importe qu'à défaut d'être fixe, elle doit être stable, assouplie, mais non vacillante. Les sept vertèbres cervicales doivent rester liées et travailler de concert avec l'arrière-main. La base de l'encolure doit être suffisamment musclée pour assurer sa fixité.

**L'appui correct sur la main est le juge de paix.**

Voici une manière de procéder :
1) Pour les flexions en place, entamer lentement une demi-volte renversée (hanches en dehors), piste à main droite. Arrêter le cheval droit en revenant sur la piste. Élever la main gauche en en maintenant une légère pression de la

jambe gauche (au début). La main doit agir sur la commissure des lèvres. Attendre en desserrant un peu les doigts sur la rêne droite. A la moindre mobilité, baisser la main gauche et porter le cheval en avant en le récompensant et en rendant. Rendre un peu moins vite à mesure des progrès et faire quelques pas en maintenant la cession.

2) Même travail à main droite. Si l'effet tarde, faire des vibrations avec la rêne opposée.

3) Flexions latérales au pas.

Prendre la piste à main gauche, marcher droit, pas ralenti, lever la main gauche et attendre. Si la décontraction se produit, baisser la main, rendre, caresser et opérer de l'autre côté. Si la décontraction tarde, fermer la jambe gauche et embarquer le cheval sur une demi-volte renversée et repartir droit dès que le cheval a obéi. Alterner côté gauche et côté droit.

Cette manière a l'avantage d'associer dès le début, l'activité du postérieur du même côté que la cession de mâchoire. En cas de difficulté faire des vibrations avec la rêne opposée, ou demi-arrêt si le cheval pèse sur la main.

Poursuivre jusqu'à l'amélioration complète, en obtenant une mobilisation instantanée, sans que le cheval « baille ».

Pour terminer les flexions latérales on utilisera la rêne contraire qui aura pour effet de rétablir l'équilibre latéral en reportant du poids sur l'épaule opposée à la flexion.

4) La flexion directe c'est la flexion de nuque qui conduit au ramener, donc à la mise en main. Le ramener s'obtient progressivement. Il s'accroît dans la mesure ou la résistance de la nuque à la flexion, diminue (nœud nuchal).

Le liant de la nuque est une conséquence de celui de la mâchoire dont la cession doit toujours précéder celle de la nuque sous peine de mise en arrière de la main, contrairement à ce que pensent certains professionnels, qui, en muselant leur cheval pensent ainsi décontracter la nuque, ce qui à mon avis est une funeste erreur.

Ces exercices se font principalement au pas. Une précision sur le pas. Le pas est la mère des allures a écrit Baucher, c'est à cette allure que l'élève apprend le mieux.

Les planches qui suivent représentent les flexions latérales et directes. On les doit à James Fillis. Je ne pense pas qu'il faille les opposer à celles de Baucher qui en définitive en est l'inventeur. Les flexions latérales à pied précèdent les flexions à cheval en place, puis en mouvement. Puis viennent les flexions directes à pied, à cheval en place, puis en mouvement. Préalable indispensable de la mise en main.

Planche XVI
Flexion correcte

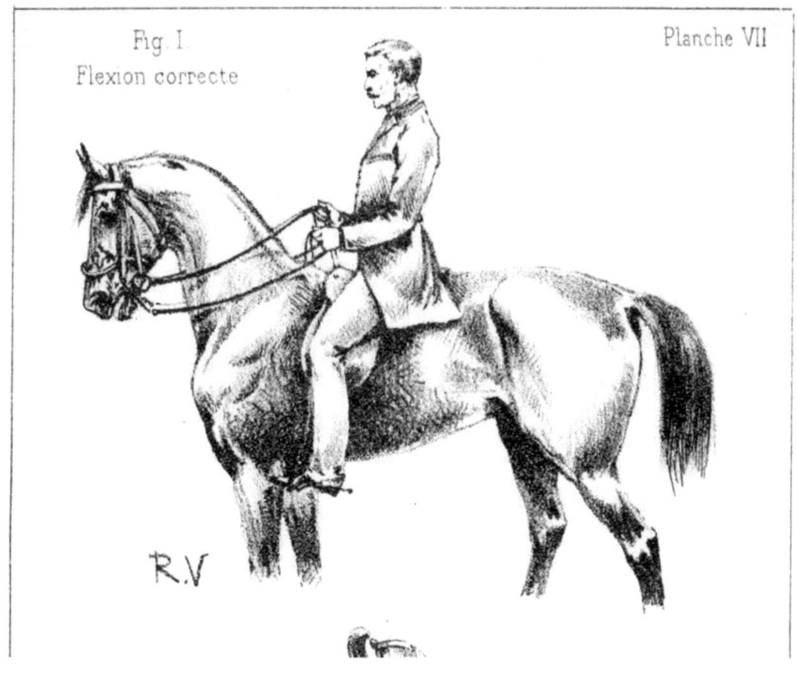

Fig. I.
Flexion correcte
Planche VII
R.V

Flexion latérale

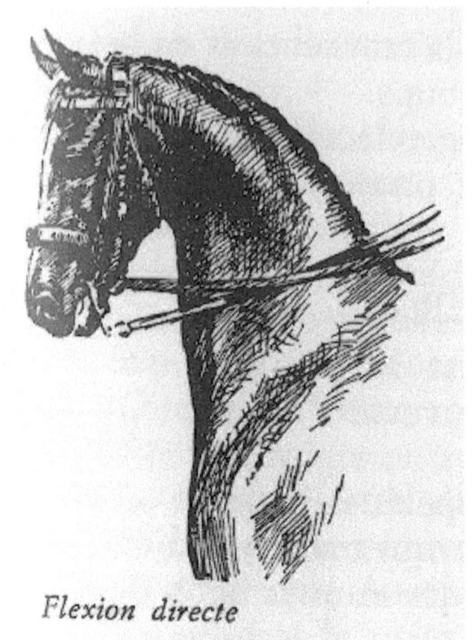

Flexion directe

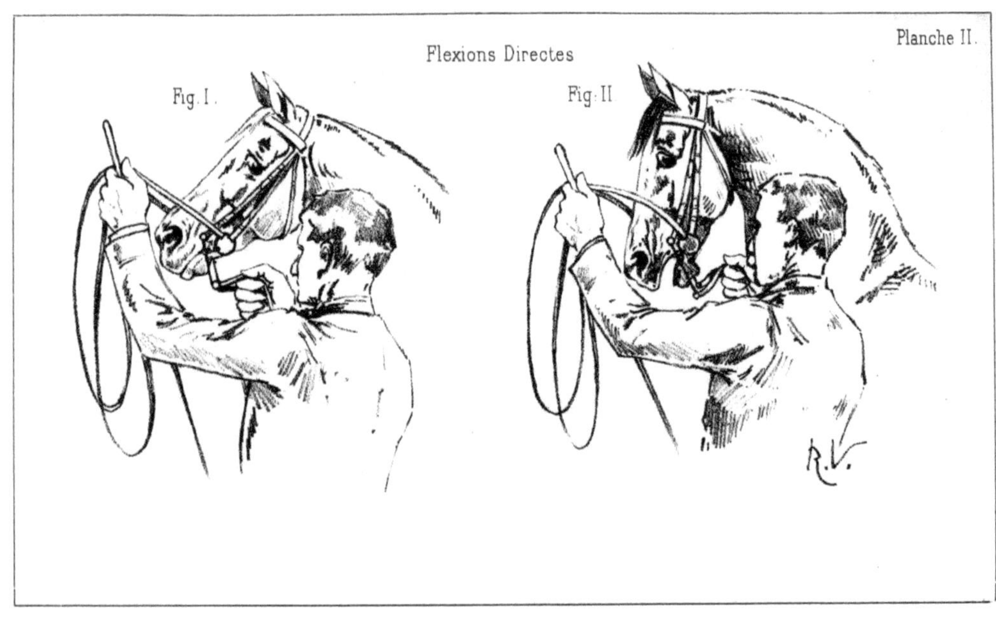

# *PRÉCISIONS SUR LES FLEXIONS ET ASSOUPLISSEMENTS*

*C'est la véritable mise en main qui prépare l'abaissement des hanches et y conduit. Mais qu'est-ce que la véritable mise en main ?*
*C'est la décontraction de la bouche dans la position de ramener. C'est-à-dire qu'elle est suivie de la décontraction de la nuque et dans le mouvement en avant. En somme « léger devant, actif derrière ».*

*NB : je veux bien entendre l'adage qui veut que la mise en main soit un cadeau des hanches, qu'elle ne se demande pas. Très bien, cependant si la main règle l'énergie transmise par les hanches, qu' advient-il si cette main est dénuée de tact et si la bouche du cheval n'y a pas été préparée par les flexions précitées ?*

*Faire une petite volte dans le passage des coins, dont le diamètre est d'environ 6 m (soit deux longueurs de cheval) présente de nombreux avantages.*
   *a)  Contrôler l'inflexion du cheval sur le cercle.*
   *b)  Préparer l'épaule en dedans.*
   *c)  Augmenter l'aptitude de la mâchoire à se mobiliser.*
   *d)  Faciliter la mise en main complète.*
   *e)  Détecter les résistances.*

*Il faut placer le cheval dans les conditions qui lui facilitent la compréhension et l'exécution de ce que lui demande son cavalier.*

*Le liant de la nuque doit être une conséquence de celui de la mâchoire dont la cession doit précéder celle de la nuque, sous peine de mise derrière la main.*
*C'est le mors de bride qui favorise la communication à la nuque de la souplesse de la bouche, bien que le mors de filet puisse y parvenir seul.*

*Les anciens bauchéristes considéraient que l'assouplissement du cheval tournait autour de cinq mouvements clés. Cela correspondait à cinq parties à assouplir : la mâchoire, l'encolure, les épaules, le rein, les hanches.*
*Ce que l'on désigne comme « flexions » en équitation est un terme générique qui est souvent synonyme de « cessions, notamment pour ce qui concerne la mâchoire.*

*Ces cinq mouvements sont demandés à pied, puis en selle.*

*L'idée vient de François Baucher. Il décompose les assouplissements et les mouvements compris dans l'épaule en dedans et la croupe au mur. Alors que La Guérinière assujettit tout d'une pièce au moyen de ces deux exercices, Baucher assouplit isolément chaque partie.*

*Il faut bien convenir que d'une façon ou d'une autre, il s'agit d'assouplir le cheval, afin de vaincre les résistances, et le faire marcher droit.*

*1) Assouplissement de la mâchoire (légèreté, mobilité).*
*2) Assouplissement direct et latéral de l'encolure (ramener, flexion latérale)*
*3) Pirouette et la demi-pirouette renversée ou demi-tour sur les épaules, à pivot fixe (assouplissement des hanches, chevaler de l'arrière-main).*
*4) L'avancer et reculer alternatif et sans arrêt (assouplissement du dos et des reins, préparation au rassembler).*
*5) Pirouette et demi-pirouette ordinaires ou demi-tour sur les hanches, à pivot fixe (assouplissement des épaules, chevaler de l'avant-main, préparation au rassembler.*
*Ces cinq mouvements sont la base de la basse école.*

*Pour autant, rien n'interdit de travailler sur le cercle, bien au contraire, même de commencer le dressage par l'épaule en dedans si le cœur vous en dit. À condition, bien entendu que le cheval soit en âge de l'apprendre.*

## Procédé N°3 « FAIRE LES COINS »
Ouvrages à consulter : La Guérinière, Decarpentry

Alors qu'il se rendait à Saumur pour assister au gala auquel il avait été invité par le Cadre Noir, l'ancien écuyer en chef, en retraite depuis quelques années, s'en alla dire bonjour à l'agent chargé d'ouvrir les portes du manège.
- Alors comment ça va ? (il le nomma par son nom de baptême)
- Mon général ça ne va plus, les écuyers ne font plus les coins.

La volte dans le coin permet au cavalier de contrôler l'exactitude de la courbure de son cheval et de parfaire son ajustage. Ce qui est souvent le cas, le cheval s'échappant
Cette volte dite « académique » a un diamètre de 6 m environ ( soit un rayon d'une longueur de cheval). Si le cheval est trop raide ou trop souple, il faut « forcer le coin ». La volte dans le coin assouplit et fixe le cheval.
Elle est aussi très utile en son temps pour pour débuter l'épaule en dedans, car si on prolonge l'élément de volte, le cheval se trouve exactement dans la position de l'épaule en dedans. Elle est utile également pour la tête au mur et la croupe au mur.

## Procédé N° 4 LES RÊNES SIMPLES

Principales sources : Baucher, Jousseaume

La main peut agir sur une rêne sans augmenter la tension, pour obtenir un effet simple.

1<sup>er</sup> effet **rêne d'ouverture**, directe.

2<sup>ème effet</sup> **rêne d'appui** , contraire.

Comment fait-on une rêne d'ouverture ? (rêne droite par exemple)

1° Action simultanée des deux jambes pour donner l'impulsion.

2° Porter la main droite à droite et en avant, les ongles en dessus, tout en conservant le coude près du corps.

3° Main gauche passive.

Utilisez les voltes, demi-voltes, serpentines, lignes brisées.

Rêne contraire. Comment fait-on une rêne contraire ? (rêne droite)

1° Action simultanée des deux jambes

2° Portez la la main droite à gauche et en avant.

3° Main gauche passive

Jusque-là tout est simple, c'est la base; là où cela se complique, c'est quand il faut coordonner les deux effets. C'est Baucher qui nous donne la méthode :

« Je me sers de la rêne directe, non pour tourner, mais seulement pour combattre les résistances, les détruire, et c'est avec **LA RÊNE OPPOSÉE** que j'apprends au cheval à tourner. Le cavalier demandera seulement un huitième de conversion, s'arrêtera, combattra avec ces nouveaux effets de main (rêne directe ) les résistances qui se seraient manifestées et continuera avec la rêne opposée. Bientôt le cheval pourra tourner sans sortir de son équilibre, c'est-à-dire la tête portée du côté où il marche.

L'emploi simultané, mais coordonné des deux effets, s'il est d'un usage plus difficile, me semble cependant mieux convenir pour l'équitation d'extérieur et sportive, il est important que le cheval regarde où il va, d'autant qu'il s'agit d'obstacles.

## Procédé N° 5 :APPUYERS

Cet item conclut la première période dans l'éducation du cheval, mais est loin de conclure le stade de la « basse école » Le principe de la méthode que l'on pourrait nommer « cartésienne » est le suivant : « il faut diviser la difficulté, commencer par ce qui est le plus simple, avant d'affronter les difficultés plus grandes ». Sans oublier que le cheval, comme l'humain qui l'utilise et souvent le contraint plus qu'il ne faut, a sa part d'irrationnel, de mystère, d'imprévisible ce qui n'exclut pas un certain empirisme dans sa conduite.

Ce qui précède conduit directement à l'appuyer, le tout faisant partie des mouvements appelés « travail de deux pistes ». Lorsque le mouvement « hanches en dedans » est exécuté correctement, le cheval est prêt à commencer les appuyers. Les aides à employer sont les mêmes

Observer la progression suivante :

1° demi volte avec hanches en dedans en terminant sur l'oblique par quelques pas d'appuyer.

2° sur la piste tête au mur » en ayant soin que l'inclinaison du cheval par rapport à cette piste ne dépasse pas 30 à 35 degrés. Ceci est très important pour que l'appuyer s'exécute vraiment dans le mouvement en avant.

L'avant main se déplacent sur la piste du manège et l'arrière main sur une piste intérieure.

3° sur la piste « croupe au mur », même inclinaison. L'arrière main se déplace sur la piste du manège, et c'est alors l'avant main qui se déplace sur une piste intérieure.

4° Appuyer sur la diagonale. L'avant main se déplace sur la diagonale, le cheval sensiblement parallèle au grands côtés, mais les hanches ne doivent pas dépasser cette parallèle et rester de préférence un peu en retrait.

**Le cheval doit regarder où il va et voir venir ses hanches.**

# Procédé N° 6 LES TRANSITIONS

Le but n'est pas l'exercice en lui-même, mais bien l'acquisition des fondamentaux Les fondamentaux de premier ordre sont -tout le monde les connaît - **l'impulsion et l'équilibre**, l'un ne devant pas nuire à l'autre. Les transitions font donc partie des moyens, non des objectifs.

**L'impulsion** se traduit par l'activité qu'il ne faut pas confondre avec le cheval qui court après son équilibre et cherche la main comme cinquième jambe. Les transitions vont aider à développer l'activité et la réactivité, dans une cadence et un tempo régulier mais pas seulement.

Du côté de **l'équilibre,** il faut plutôt parler du couple cheval/cavalier. L'équilibre du cheval commence donc par l'équilibre du cavalier. Le cavalier ne doit pas gêner le cheval et se situer le plus près possible de la ligne de gravité du cheval, c'est-à-dire derrière le garrot et entre les deux épaules en appuyant de façon égale sur ses étriers, il doit veiller également à avoir un regard horizontal et ne pas faire des rotations avec son buste, la tête suffit. Je constate que beaucoup de cavaliers chaussent sur la pointe des pieds, ce qui présente trois inconvénients : le risque de perdre un étrier, de reporter du poids sur l'avant main et de pas pouvoir faire jouer correctement l'articulation de la cheville.

**L'équilibre** ne s'obtient que dans la **rectitude** et la rectitude ne s'obtient que sur un cheval **assoupli.**

**Les transitions** aident considérablement à obtenir cet ensemble : souplesse rectitude   équilibre Impulsion  cadence.

Il existe deux types de transitions : inter-allures : pas-trot, trot-pas, galop-trot, trot-galop, puis plus complexe : pas-galop, galop-pas **(ferme à ferme)**, trot-arrêt, arrêt-trot, et intra-allures, qui sont des variations d'amplitude dans l'allure, vers l'avant ou vers le haut, montantes ou descendantes. Ce sont des transitions assez difficiles à réaliser, car il faut garder le même tempo. Sachant qu'une foulée a deux composantes : le tempo, c'est-à-dire le nombre de foulées par minute, et l'amplitude qui représente la longueur de la foulée, la résultante étant la vitesse. À ces données, on peut ajouter la cadence, qu'il faut rechercher et qui est synonyme de régularité.

Pendant les transitions, il faut veiller, surtout au pas, à améliorer la relation avec la main. Dès que l'on sent le cheval prêt à obéir, il faut ouvrir les doigts. Sinon il anticipe et fuit comme une fusée. Nous devons éliminer cette tendance naturelle que nous avons à tirer sur la bouche du cheval.

Vérifier la rectitude et l'équilibre, et ensuite seulement intervenir sur le mouvement. C'est particulièrement vrai à l'obstacle où le but n'est pas de ralentir le cheval après le saut, mais de le rééquilibrer, si c'est nécessaire, pour préparer le saut suivant.

Il faut se convaincre qu'une résistance, ou à fortiori une traction, exercée sur un cheval de travers ou sur les épaules, ne pourra qu'aggraver le traverser et/ou le déséquilibre.

Les transitions descendantes doivent être juste d'abord, même si elles doivent s'étaler sur plusieurs dizaines de mètres, pour devenir ensuite progressivement plus rapides jusqu'à la transition galop/arrêt.

« Si on demande, par exemple, une transition progressive galop/trot/pas/arrêt, le fil rouge sera la décontraction de nuque et de mâchoire en ne passant au stade suivant que lorsque cette décontraction a été rétablie dans l'allure précédente. Cette progressivité est particulièrement importante pour les chevaux d'obstacle, car une reprise brutale après l'obstacle serait considérée comme une punition pour avoir sauté.

« Dans les transitions il faut veiller à la fixité du bout de devant. Si cette fixité fait défaut, c'est qu'il n'y a pas assez d'impulsion. Pour passer du trot au pas, gardez l'impulsion et rendez aussitôt, mais en gardant le contact. Dans les transitions entre les différents trots, veillez :

- à la position de la nuque

-au maintien de la cadence

-à demander les transitions par le buste et non par la main » Nuno Oliveira

**Pour aller plus loin dans les transitions.**

Elles préparent au piaffer et au passage. Les préalables sont : le calme complet, la mise en main dans le ramener, le travail sur deux pistes, voltes serrées hanches en-dedans.

1) Départs de pied ferme au trot...suivi d'arrêts
2) Arrêts au trot, suivis de départs au trot
3) Diminuer peu à peu les foulées, départ droit
4) Respectez le principe : « mains sans jambes, jambes sans mains »
5) Action alternative des aides
6) Veillez à l'activité
7) Évitez les fautes d'assiette (retrait des épaules et du buste)
8) Gardez la position du milieu
9) Main légère
10) Le cheval ne doit pas s'arrêter de lui-même
11) Ne cherchez le relèvement de l'encolure, qu'une fois que le trot s'exécute sur place.

Le premier exercice concernant l'assouplissement longitudinal du cheval consiste à marcher au pas (la mère des allures)le pas doit être à quatre temps et actif tout en étant rassemblé. Le cheval étant également sur la main, car il y a été préalablement préparé par la mise sur la main.

On augmente l'activité en soutenant l'encolure... puis on ralentit le pas et l'on demande une extension d'encolure, sans que le cheval descende en dessous de la pointe de son épaule. Le cavalier recule ses épaules et avance ses mains. Le cheval doit suivre la main vers l'avant et vers le bas. Le cavalier conserve toujours le contact, le plus léger possible.

Ensuite, le second exercice consiste à demander l'arrêt, puis le reculer. Le cheval obéissant à la main et aux jambes. Le cavalier doit pouvoir marcher, s'arrêter, reculer et repartir sans qu'il y ait de perturbation. Le but à poursuivre, c'est d'obtenir un reculer sans l'utilisation des jambes, uniquement par élévation des mains, donc transfert de poids sur l'arrière-main. Puis repasser au pas avec les jambes cette fois-ci, mais sans les mains.

La ligne du dessus comprend : le garrot, le dos, le rein. L'ensemble devant être bien soutenu, tendu, harmonieux, très légèrement concave, immédiatement en arrière du garrot.

C'est un ensemble solidaire qui compte 18 vertèbres dorsales ; 6 vertèbres lombaires et 5 vertèbres sacrées, soudées entre elles. Cet ensemble est aussi interdépendant avec la tête et l'encolure qui compte 7 vertèbres.

Chaque fois qu'un groupe de vertèbres change de nom, il existe ce que l'on appelle une « charnière » une articulation pour le dire autrement. 1) Au plan atlas,axis (occipito-atlanto-axiale) ; 2) au niveau C7-D1 (cervico-thoracique) ;3) D18-L1( dorso-lombaire) 4) L6-S1. (Lombosacrée ou CLS).

Cette ligne du dessus est interdépendante de la tête et de l'encolure qui elle compte 7 vertèbres. Il faudrait bien entendu ajouter toute la chaine musculaire qui soutient et sous-tend l'ensemble. Sans oublier 2 ligaments : le ligament nuchal et le supra-épineux qui vont de la tête à la queue.

suit une petite page illustrée bien comprendre comment cela fonctionne.

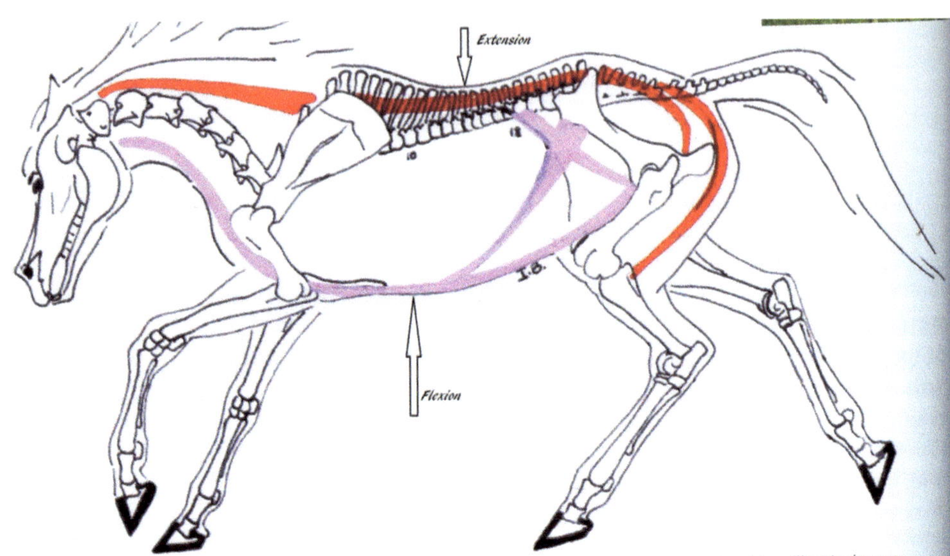



Le D$^r$ Isabelle Burgaud a dessiné les deux lignes musculaires, la dorsale (en rouge) et la ventrale (en rose), qui travaillent toujours en parallèle. Un schéma à garder en mémoire pour bien visualiser les incidences globales de chaque mouvement. Ph. IFCE/Alain Laurioux

Volte avec
hanches en dehors

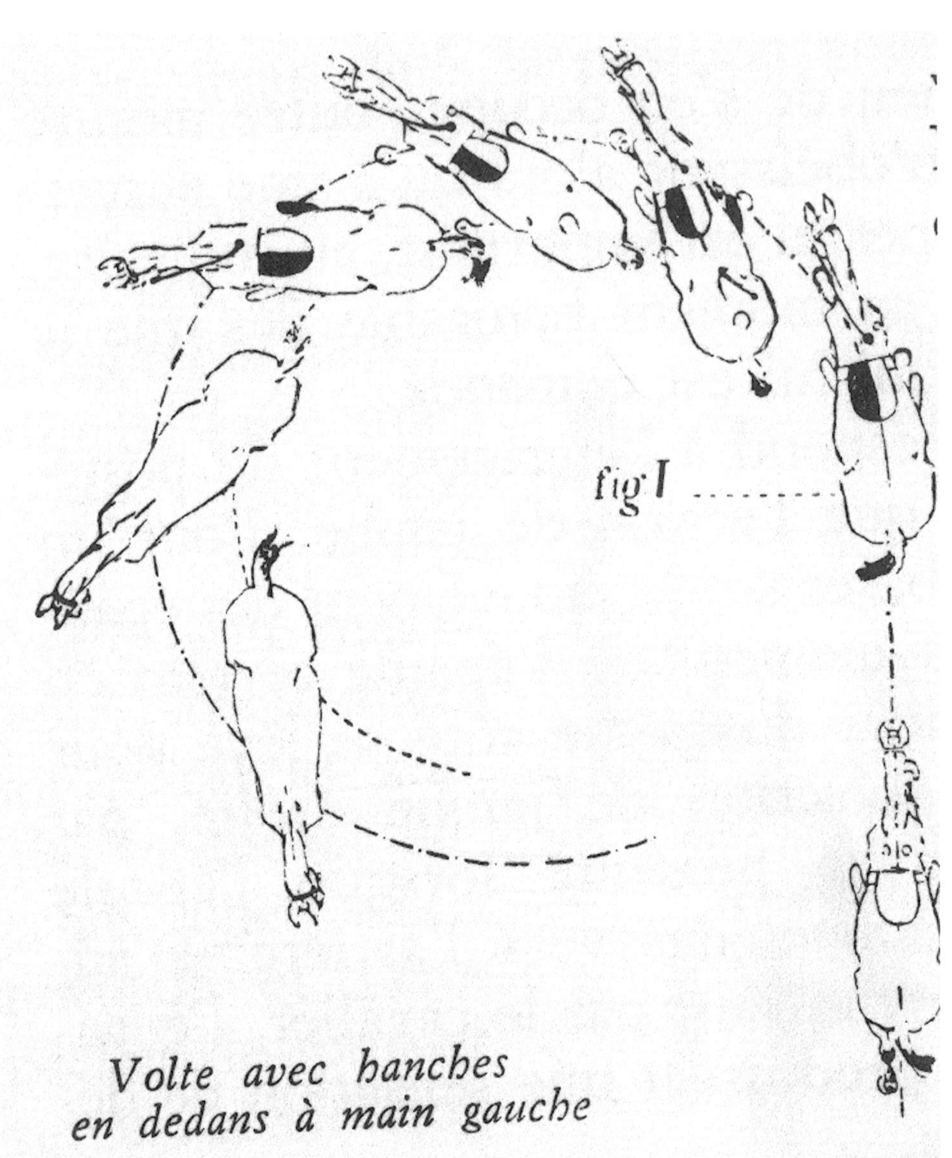


Volte avec hanches
en dedans à main gauche

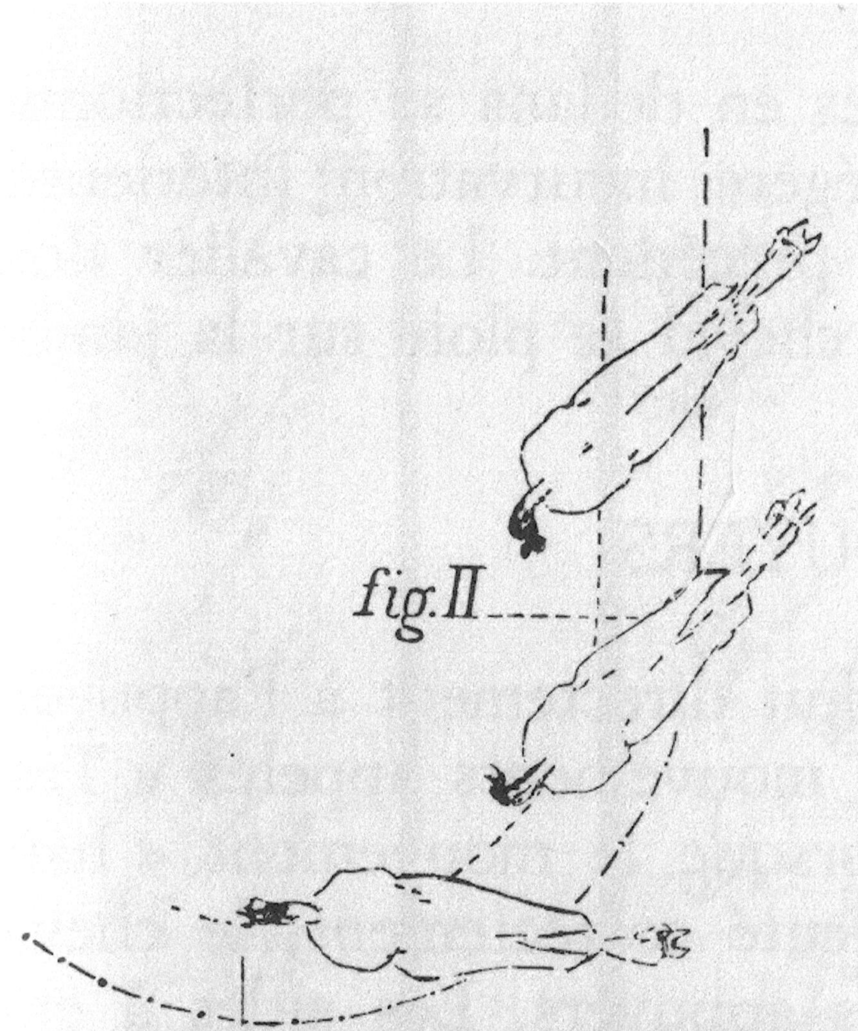


Fin de la volte avec hanches en
dedans et début du mouvement
tête au mur en conservant le placer
à gauche

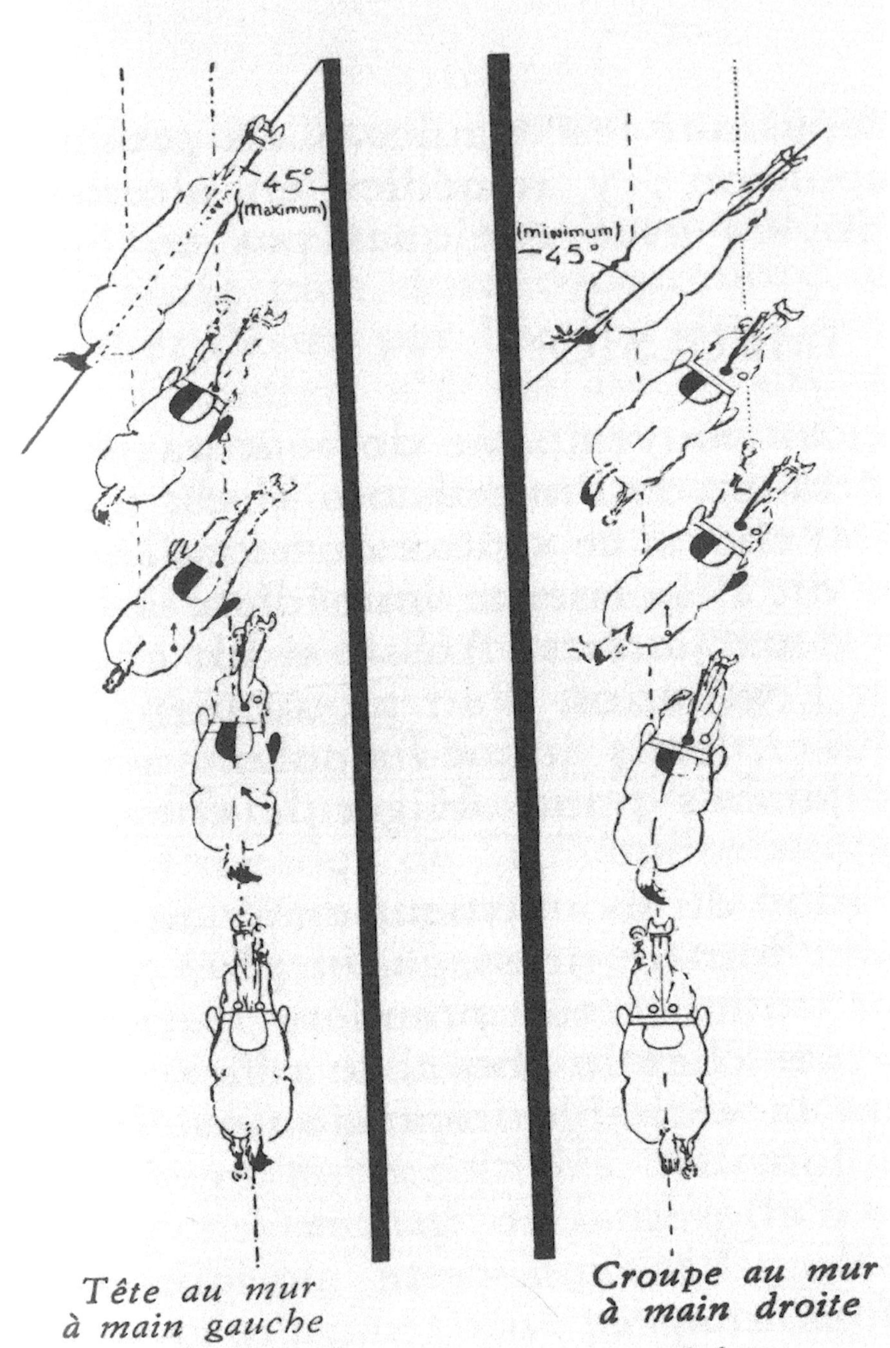


Tête au mur
à main gauche

Croupe au mur
à main droite

# REPRISES DE FIN DE PREMIÈRE PÉRIODE

**REPRISE A**
1) Détente aux  trois allures
2) Flexions
    a) latérales à l'arrêt
    b) Latérales au pas
    c) Directes à l'arrêt
    d) Directes au pas
3) A l'arrêt : jambe isolée
4) Hanches en dehors sur demi-voltes renversées.
5) Rênes d'ouverture au pas et au trot.

**REPRISE B**
1) Détente.
2) Flexions.
3) Rêne d'ouverture et <u>rêne contraire.</u>
    a)  Ouverture sur volte.
    b)  Contraire sur demi volte.
4) Hanches en dehors au pas sur la volte
5) Hanches en dehors au trot sur demi-volte renversée
6) Variations d'allures
    a)  arrêt / pas
    b)  Pas / trot

**REPRISE C**
1) Détente
2) Flexions
3) Rênes d'ouverture sur ligne brisée
4) Rênes contraires sur demi voltes
5) Voltes, lignes brisées
6) Hanches en dehors au pas et au trot sur demi-voltes renversées et volte
7) Hanches en dedans au pas sur demi-voltes et voltes
8) Variations d'allures : trot assis/ trot enlevé et réciproquement

**REPRISE D**

1) Détente
2) Flexions
3) Rêne d'ouverture et rêne contraire
4) Hanches en dedans au pas et au trot sur demi-voltes et voltes
5) <u>Appuyer au pas</u> sur l'oblique de la demi-volte
6) Variations d'allures + arrêt au trot assis et réciproquement


**REPRISE E**

1) Détente
2) Flexions
2) Rêne d'ouverture et contraire
3) Hanches en dedans, pas et trot sur voltes
4) <u>Tête au mur</u>
5) <u>Croupe au mur</u>
6) <u>Diagonale</u>
7) Au trot sur l'oblique de la demi-volte
8) Variations d'allures
9) <u>Galop sur un grand cercle en variant le diamètre.</u>

# DEUXIÈME PÉRIODE

Une fois que les reprises de la première période s'exécuteront correctement, il sera temps de passer au deuxième acte, mais pas avant. Il s'agit de prendre son temps pour en gagner et éviter de ruiner son cheval. Comme précédemment, il s'agit ici de principes, les procédés peuvent être différents. L'important est de respecter l'intégrité physique et morale de son cheval.

L'éducation du cheval regroupe un ensemble d'éléments qu'il faut d'une part connaître et, d'autre part organiser et planifier. C'est ce qu'a fait le colonel André Jousseaume dans son livre « « dressage ». La plupart des ouvrages concernant l'équitation sont des livres de « recettes » d'un intérêt et d'une valeur indéniables pour beaucoup, mais rares sont ceux où l'on retrouve une chronologie dans l'organisation de son travail quotidien. S'il faut se lever de bonne heure pour apprendre le piaffer, ce n'est pas par lui qu'il faut commencer.

Les buts à poursuivre sont:

2.  Poursuivre et améliorer les appuyers au pas et au trot.
3.  Débuter l'épaule en dedans.
4.  Pratiquer le galop juste et à faux. Départ par prise d'équilibre.
5.  Débuter l'effet d'ensemble à l'arrêt

---

**RÉSULTATS A OBTENIR EN FIN DE DEUXIÈME PÉRIODE**
1.  Mise en main parfaite au pas et au trot et début de mise en main au galop un peu ralenti.
2.  Appuyers au pas et au trot très corrects.
3.  Ralentissements avec mise en main et légèreté.
4.  Arrêts progressifs mais sans saccade, immobilité dans la mise en main.
5.  Épaule en dedans au pas et au trot, s'exécutant facilement et correctement.
6.  Galop a faux pendant plusieurs tours de manège et sur un grand cercle.
7.  Effet d'ensemble bien compris au pas.

# Procédé N° 8 ÉPAULE EN DEDANS

Ouvrages à consulter : La Guérinière, Steinbrecht, Jousseaume, Oliveira

**Par André Jousseaume :**

C'est le moment de commencer l'épaule en dedans. Notez que l'épaule en dedans ne doit pas être employée pour apprendre l'action de la jambe isolée comme certains le préconisent. Le grave inconvénient est de donner un placer faux au cheval. L'épaule en dedans a pour but d'assouplir le cheval dans toute sa longueur : assouplissement des épaules, assouplissement de la colonne vertébrale, assouplissement de l'arrière main et engagement des postérieurs. Cet exercice très utile en dressage, comme moyen d'assouplissement et de domination, n'est pas suffisant pour obtenir, à lui seul, un cheval bien dressé.

Pour que ce mouvement soit bien fait il faut rechercher une incurvation légère et régulière de la tête à la queue. L'inclinaison doit être au maximum de 30°, moins au début (épaule devant).

Aides à employer à main gauche :

1) Rêne d'ouverture pour amener tête, encolure et épaule vers l'intérieur du cercle.
2) Transformer cette rêne d'ouverture en rêne contraire d'opposition 5ème effet.
3) Accompagner l'action de cette rêne avec une action de jambe isolée gauche. La jambe droite entretient l'impulsion et surveille les hanches.

Assiette à droite. L'assiette doit toujours se trouver du côté du déplacement.

**Par Nuno Oliveira :**

« Le cheval n'est ni en avant ni soumis, si la base de son encolure n'est pas fixée, si son encolure est molle, se dérobant au contact de l'embouchure et à l'action des rênes. L'abaissement correct des hanches est ce qui provoque l'élévation du bout de devant, et non le contraire.

C'est l'exercice de l'épaule en dedans, correctement exécutée au pas, et surtout au trot, qui oblige le cheval à fléchir les articulations des membres postérieurs, les activant et obligeant le devant à se grandir.

Cela dit, voici la bonne façon de demander l'épaule en dedans :

Le cheval étant droit sur la piste, on aborde le passage du coin. Au moment où le cheval y entre, le cavalier effectue une petite torsion du poignet du dedans, ongles en dessus, en direction de son épaule du dehors. La jambe du dedans reste à la sangle, et ne va surtout pas en arrière. On fera une pesée sur la fesse extérieure, la jambe du même côté agissant moelleusement, un soupçon plus en arrière que l'autre, pour garder dans l'épaule du dedans l'incurvation et le degré d'obliquité requis.

L'exercice de l'épaule en dedans, bien pratiqué, donne de grands résultats car il allège, place et redresse le cheval.

**Contre épaule en dedans**

Pour aller vers l'épaule en dedans, nous aurons avantage a commencer par réaliser une contre épaule en avant, c'est-à-dire une épaule en avant face au pare-botte, la lisse ou le mur. Ce dernier vous aidera à contrôler les épaules de votre monture et rendra l'exercice plus aisé. Mécaniquement, le mouvement est le même que celui d'une épaule en avant, en imaginant que le pare-botte ait été déplacé de l'autre côté du cheval (à sa tête au lieu d'être à sa croupe). Le tracé et l'incurvation restent les mêmes. Tout est une question de représentation dans l'espace… Attention à placer préalablement le cheval en piste intérieure pour pouvoir amener l'épaule interne au pli sur la piste. Pour une contre-épaule en avant droite par exemple, vous marchez en piste intérieure à main gauche et vous allez donner un léger pli à droite, en sortant l'épaule droite sur la piste. Le reste du corps est en piste intérieure et le cheval se déplace le long de la lice.

Attention à ne pas confondre avec la hanche en dedans. Dans l'épaule en dedans ou la contre épaule en dedans , le cheval se déplace du côté convexe ; dans la hanche en dedans le cheval se déplace du côté concave.

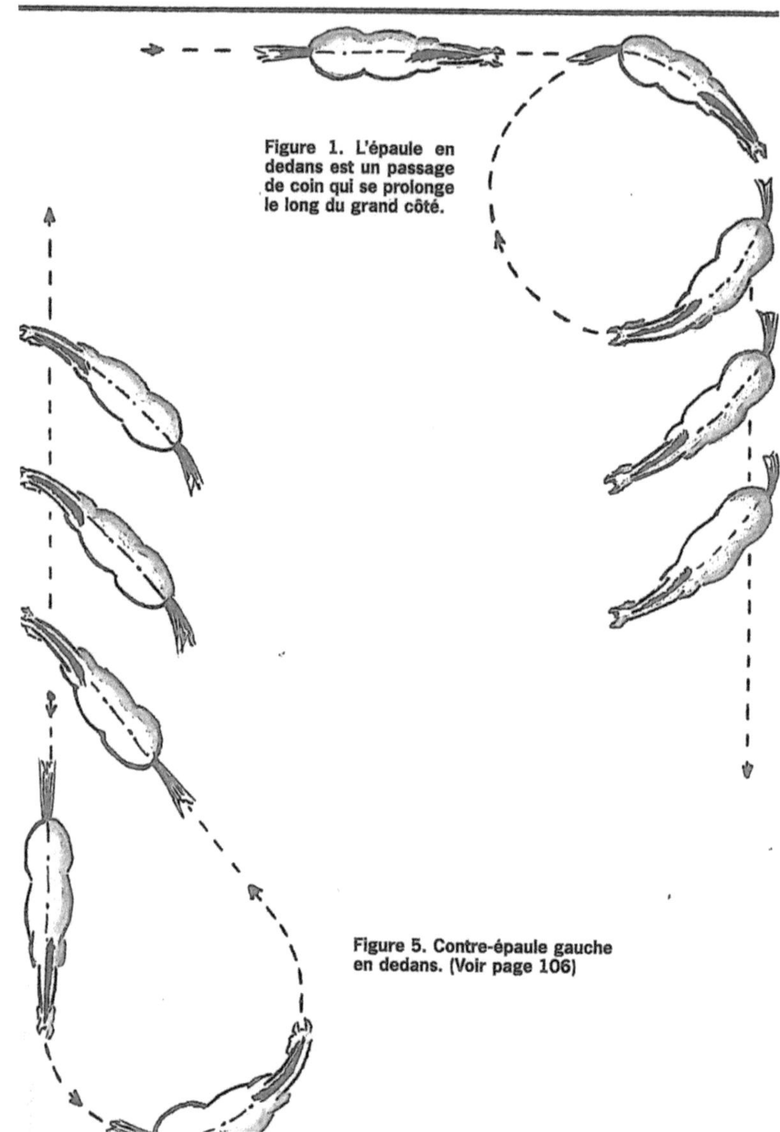

Figure 1. L'épaule en dedans est un passage de coin qui se prolonge le long du grand côté.

Figure 5. Contre-épaule gauche en dedans. (Voir page 106)

# La leçon de base de Nuno Oliveira

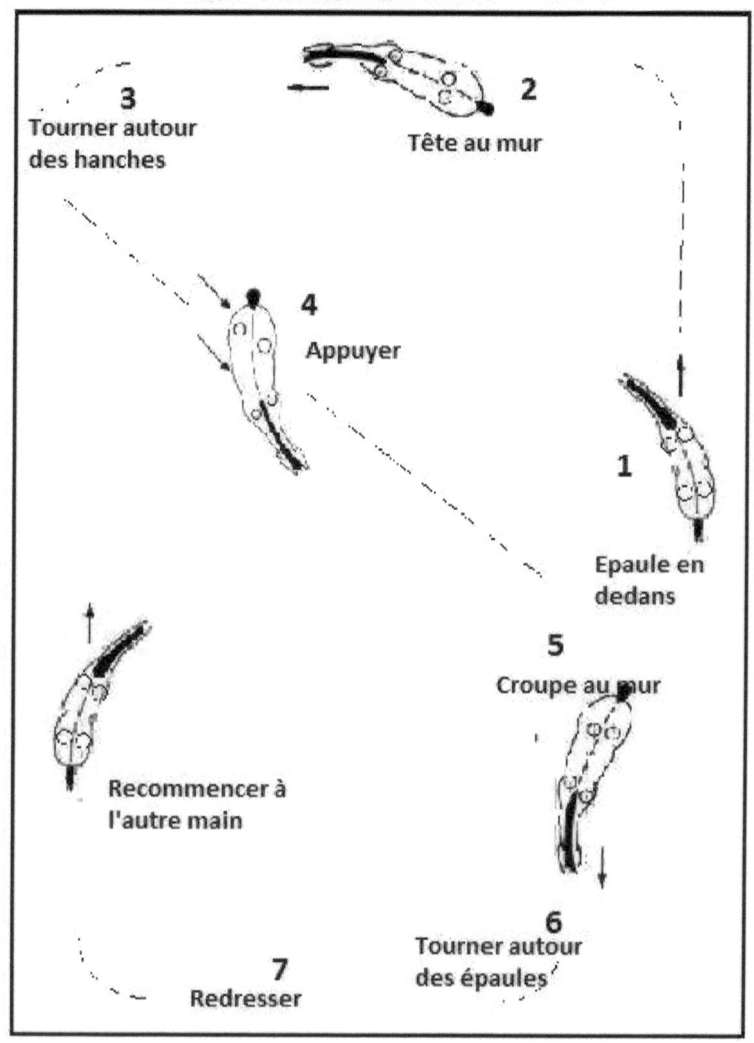

# PRÉCISIONS SUR L'ÉPAULE EN DEDANS
## d'après Gustave Steinbrecht

*« **Dresser c'est assouplir** » disait le colonel Charles de LADOUCETTE. Je pense qu'il avait raison et je me suis efforcé ces derniers temps à parler d'assouplissements au travers d'airs comme l'épaule en dedans, les flexions en tous genres, etc.*

*Pour continuer la flexibilité du cheval, l'épaule en dedans à la même importance que celle reconnue à « l'épaule devant » ou placer droit fléchi pour le dire autrement.*

*L'épaule en dedans, c'est à proprement parler, « l'épaule en avant » plus accentuée, et elle constitue, par conséquent, au stade de la « « basse école ». La quintessence même du dressage. « Travers » (appuyer tête au mur) et « renvers » (appuyer croupe au mur), passage correct des coins, tourners de l'avant main autour de l'arrière-main sont inconcevables sans l'épaule en dedans ».*

*La Guérinière lui-même écrira : « c'est la première et la dernière leçon à donner à un cheval ».*

*Les chevaux qui ne cèdent pas convenablement à la jambe du dedans sont insuffisamment fléchis ou faussement fléchis : la plupart du temps trop fléchis dans l'encolure et trop peu dans la nuque et l'épine dorsale. Il faut commencer à leur apprendre à respecter l'éperon. Pour cela, le placer de la contre-épaule en dedans, convient mieux que la simple épaule en dedans. Contre épaule en dedans et épaule en dedans sont, exactement les mêmes airs.*

*On a pu le constater dans la démonstration de l'écuyer Jean-Jacques Boisson, le rassembler est l'essentiel de l'épaule en dedans. Dans le travail de l'épaule en dedans, la rêne extérieure est d'une grande importance, car elle a une double tâche à remplir : la conduite et le rassembler. Par action vers le dedans, elle porte tout d'abord, de conserver avec la rêne intérieure, les épaules sur la piste du dedans, et les empêche de revenir à l'extérieur.*

*Quant aux moyens de confirmer l'épaule en dedans et d'éviter les nombreuses fautes auxquelles elle donne lieu facilement, il n'en existe qu'un seul : c'est de la pratiquer avec patience et persévérance, en progressant lentement, degré par degré...le cavalier ne doit pas se lasser, s'il lui faut des mois pour arriver de manière approfondie, à monter cette gamme.*

*En rassemblant le cheval dans l'épaule en dedans, le cavalier doit donc, en particulier, pousser correctement le postérieur libre sous la masse, le postérieur libre, celui du dehors, étant donné que celui de dedans est déjà suffisamment assuré par les flexions latérales et l'action renforcée de la jambe intérieure.*

*Le mouvement de l'épaule présente, au départ, pour le cheval, une triple difficulté : tout d'abord, il se déplace du côté opposé à la flexion, d'où suit, en conséquence, une complication supplémentaire. Et en*

*second lieu, que plus la flexion est forte, plus la position de l'encolure et de la tête, rend difficile de voir la piste ; et enfin-troisième difficulté- ce sont les membres à qui la flexion impose la plus grande exigence qui sont obligés de chevaler.*
*Il faut que la colonne vertébrale toute entière soit uniformément fléchie.*

*NB : en vérité la colonne vertébrale n'est pas uniformément fléchie même si elle correspond à la somme de tous les segments vertébraux. Et comme il s'agit de flexion costale il faut faire abstraction des segments cervicaux qui ne doivent pas trop participer à cette flexion, ce qui conduirait le cheval à ne marcher que d'une seule piste, l'encolure tordue. Les vertèbres de l'encolure sont très mobiles alors que celles du garrot sont peu mobiles, celles des lombaires également. C'est donc au niveau des 12 et 13ème vertèbres dorsales que la flexion est la plus importante, là ou est assis logiquement le cavalier. L'épaule en dedans ne perd pas de son intérêt, pour autant, loin s'en faut.*
*Pour conclure : ne jamais se lasser d'étudier l'épaule en dedans et de la considérer comme le pivot du dressage, de ce dressage grâce auquel ils pourront non seulement tirer du cheval tout ce que la nature lui a donné, mais aussi éliminer totalement des défauts d'attitude et d'allure qui se seraient glissés dans le travail, à la faveur de pratiques erronées. L'épaule en dedans procède tous les airs dont les cavaliers ont besoin pour atteindre le but visé, c'est-à-dire un placer bien assuré, soit en équilibre horizontal, soit sur les hanches.*

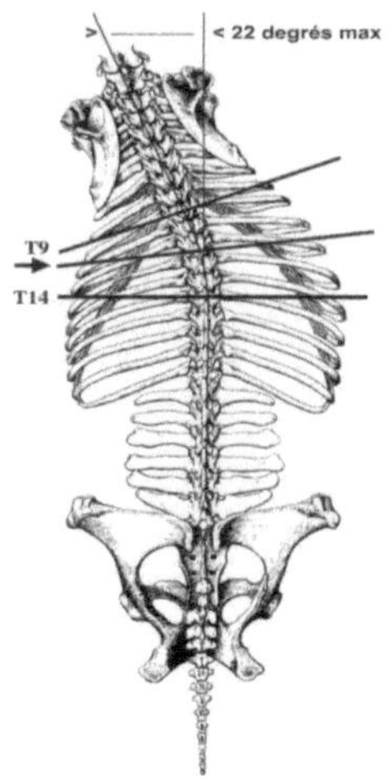


*Figure 63*
*Flexion costale maximale à gauche de T9 à T14*

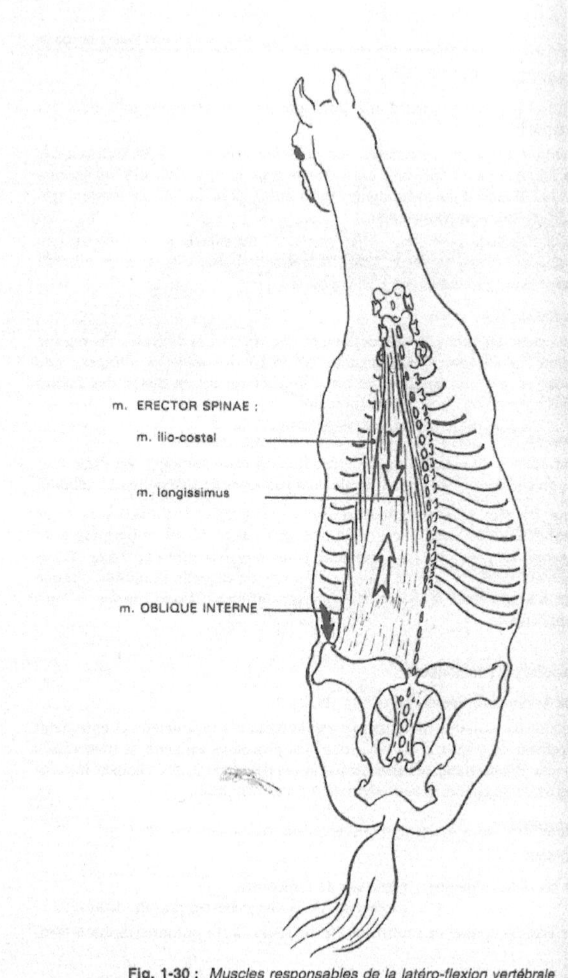



**Fig. 1-30 :** *Muscles responsables de la latéro-flexion vertébrale*

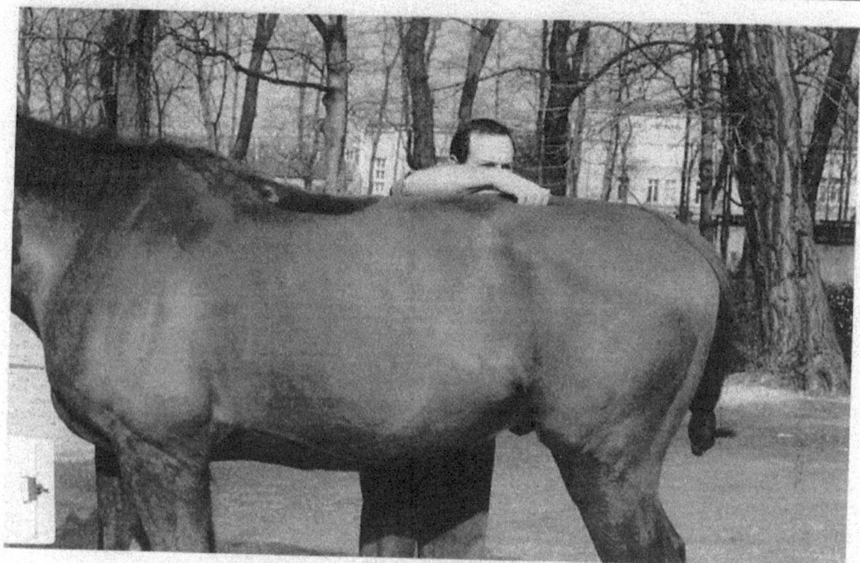

**Fig 3-20 :** *Extension lombo-sacrale*

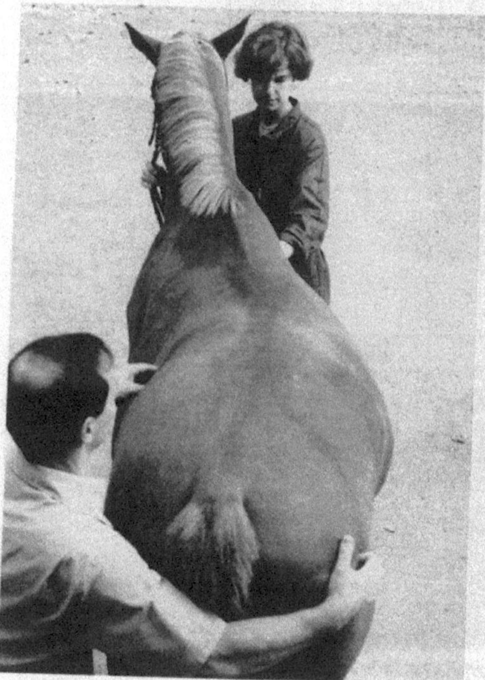

**Fig 3-21a :** *Latéro-flexion et rotation combinées en région thoraco-lombaire — première méthode —*

# CHAPITRE VIII

## DE L'ÉPAULE EN DEDANS

Nous avons dit ci-devant que le trot est le fondement de la première souplesse et de la première obéissance que l'on doit donner aux chevaux, et ce principe est généralement reçu de tous les habiles écuyers ; mais ce même trot, soit sur une ligne droite, soit sur des cercles, ne donne à l'épaule et à la jambe du cheval qu'un mouvement en avant, lorsqu'il marche sur la ligne droite ; et un peu circulaire de la jambe et de l'épaule de dehors, lorsqu'il va sur le cercle ; mais il ne donne pas une démarche assez croisée d'une jambe par-dessus l'autre, qui est l'action que doit faire un cheval dressé, connaissant les talons, c'est-à-dire qui va librement de côté aux deux mains.

Pour bien concevoir ceci, il faut faire attention que les épaules et les jambes d'un cheval ont quatre mouvements. Le premier est celui de l'épaule en avant, quand il marche droit devant lui. Le deuxième mouvement est celui de l'épaule en arrière, quand il recule. Le troisième mouvement, c'est lorsqu'il lève la jambe et l'épaule dans une place, sans avancer ni reculer, qui est l'action du piaffer ; et le quatrième est le mouvement circulaire et croisé que doivent faire l'épaule et la jambe du cheval, lorsqu'il tourne étroit ou qu'il va de côté.

Les trois premiers mouvements s'acquièrent facilement par le trot, l'arrêt et le reculer ; mais le dernier mouvement est le plus difficile, parce que dans cette action le cheval étant obligé de croiser et de chevaler la jambe de dehors par-dessus celle de dedans, si dans ce mouvement le passage de la jambe n'est pas avancé ni circulaire, le cheval s'attrape la jambe qui pose à terre, et sur laquelle il s'appuie, et la douleur du coup peut lui donner une atteinte, ou du moins lui faire faire une fausse position : ce qui arrive souvent aux chevaux qui ne sont pas assez souples des épaules. La difficulté de trouver des règles certaines, pour donner à l'épaule et à la jambe la facilité de ce mouvement circulaire d'une jambe par-dessus l'autre, a toujours embarrassé les écuyers, parce que sans cette perfection un cheval ne peut tourner facilement, ni fuir les talons de bonne grâce.

Afin de bien approfondir la leçon de l'épaule en dedans, qui est la plus difficile et la plus utile de toutes celles qu'on doit employer pour assouplir les chevaux, il faut examiner ce qu'ont dit M. de La Broue et M. le duc de Newcastle, au sujet du cercle, qui, selon le dernier, est le seul moyen d'assouplir parfaitement les épaules d'un cheval.

« M. de La Broue dit que toutes les humeurs et complexions des chevaux ne sont pas propres à cette sujétion extraordinaire, de toujours tourner sur des cercles pour les assouplir ; et leurs forces n'étant pas capables de fournir tant de tours tout d'une haleine, ils se rebutent et se roidissent de plus en plus, au lieu de s'assouplir. »

M. le duc de Newcastle s'explique ainsi :

« La tête dedans, la croupe dehors sur un cercle, met d'abord un cheval sur le devant ; il prend de l'appui, et s'assouplit extrêmement les épaules, etc.

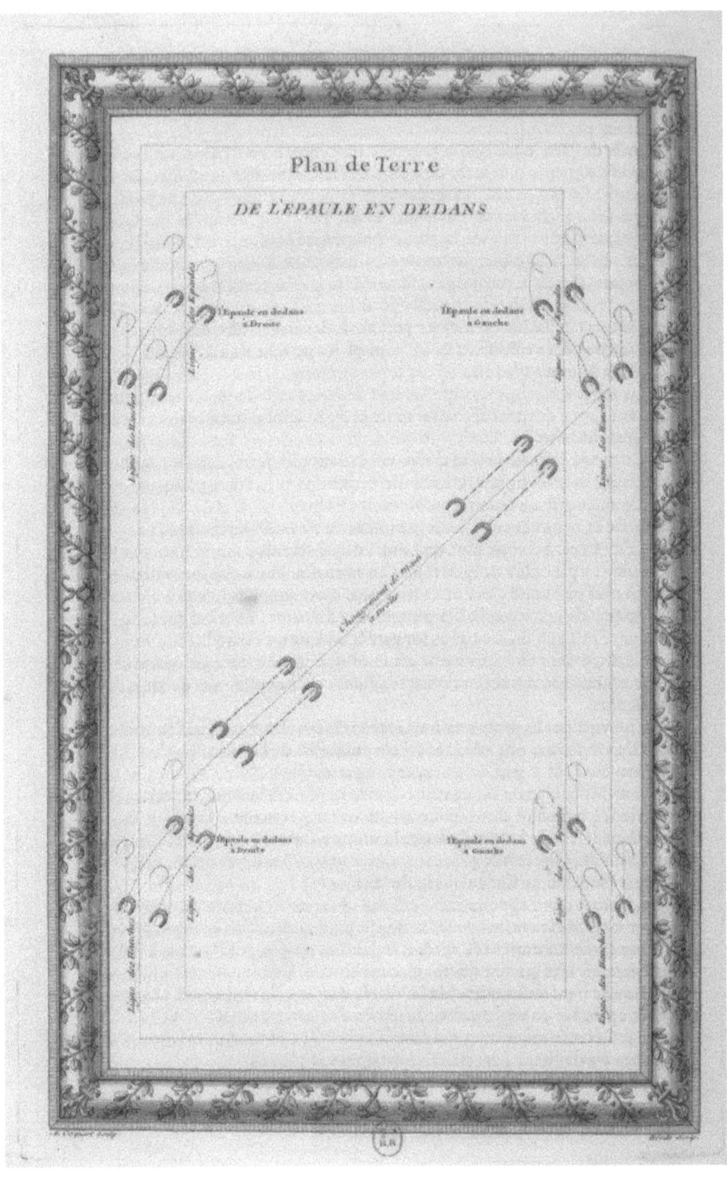



Plan de Terre
DE L'EPAULE EN DEDANS
l'Epaule en dedans à Droite
Epaule en dedans à Gauche
l'Epaule en dedans à Droite
l'Epaule en dedans à Gauche
Changement de main à droite

63

« Trotter et galoper la tête dedans, la croupe dehors, fait aller tout le devant vers le centre, et le derrière s'en éloigne, étant plus pressé des épaules que de la croupe.

« Tout ce qui chemine sur un grand cercle travaille davantage, parce qu'il fait plus de chemin que tout ce qui chemine sur un plus petit cercle, ayant plus de mouvements à faire, et il faut que les jambes soient plus on liberté ; les autres sont plus contraintes et sujettes dans le petit cercle, parce qu'elles portent tout le corps, et celles qui font le plus grand cercle sont plus longtemps en l'air qu'elles.

« L'épaule ne peut s'assouplir, si la jambe de derrière de dedans n'est avancée et approchée, en travaillant, de la jambe de derrière de dehors. »

L'on voit par le propre raisonnement de ces deux grands hommes que l'un et l'autre ont admis le cercle ; mais M. de La Broue ne s'en sert pas toujours, et il préfère souvent le carré.

Pour M. le duc de Newcastle, dont le cercle est la façon favorite, il convient lui-même des inconvénients qui s'y trouvent, quand il dit que dans le cercle la tête dedans, la croupe dehors, les parties de devant sont plus sujettes et plus contraintes que celles de derrière, et que cette leçon met un cheval sur le devant.

Cet aveu, que l'expérience confirme, prouve évidemment que le cercle n'est pas le vrai moyen d'assouplir parfaitement les épaules, puisqu'une chose contrainte et appesantie par son propre poids ne peut être légère ; mais une grande vérité, que cet illustre auteur admet, c'est que l'épaule ne peut s'assouplir, si la jambe de derrière de dedans n'est avancée et approchée en marchant de la jambe de derrière de dehors ; et c'est cette judicieuse remarque qui m'a fait chercher et trouver la leçon de l'épaule en dedans, dont nous allons donner l'explication.

Lors donc qu'un cheval saura trotter librement aux deux mains sur le cercle et sur la ligne droite ; qu'il saura sur les mêmes lignes marcher un pas tranquille et égal, et qu'on l'aura accoutumé à former des arrêts et demi-arrêts, et à porter la tête en dedans, il faudra alors le mener au petit pas lent et peu raccourci le long de la muraille, et le placer de manière que les hanches décrivent une ligne, et les épaules une autre. La ligne des hanches doit être près de la muraille, et celle des épaules détachée et éloignée du mur, environ un pied et demi ou deux, en le tenant plié à la main où il va. C'est-à-dire, pour m'expliquer plus familièrement, qu'au lieu de tenir un cheval tout à fait droit d'épaules et de hanches sur la ligne droite le long du mur, il faut lui tourner la tête et les épaules un peu en dedans, vers le centre du manège, comme si effectivement on voulait le tourner tout à fait ; et lorsqu'il est dans cette posture oblique et circulaire, il faut le faire marcher en avant le long du mur, en l'aidant de la rêne et de la jambe de dedans, ce qu'il ne peut absolument faire dans cette attitude, sans croiser ni chevaler la jambe de dedans par-dessus celle de dehors et de même la jambe de derrière de dedans par-dessus celle de derrière de dehors, comme il est aisé de le voir dans la figure de l'épaule en dedans, qui accompagne ce chapitre, et dans le plan de terre de la même leçon, qui rendront la chose encore plus sensible.

Cette leçon produit tant de bons effets à la fois, que je la regarde comme la première et la dernière de toutes celles qu'on peut donner au cheval, pour lui faire prendre une entière souplesse, et une parfaite liberté dans toutes ses parties. Cela est si vrai, qu'un cheval qui aura été assoupli suivant ce principe, et gâté après, ou à l'école, ou par quelque ignorant, si un homme de cheval le remet pendant quelques jours à cette leçon, il le trouvera aussi souple et aussi aisé qu'auparavant.

Premièrement, cette leçon assouplit les épaules, parce que la jambe de devant de dedans, croisant et chevalant à chaque pas que le cheval fait dans cette attitude, en avant par-dessus celle de dehors, et le pied de dedans allant se poser au dessus du pied du dehors, et sur la ligne même de ce pied, le mouvement auquel l'épaule est obligée dans cette action fait agir nécessairement les ressorts de cette partie, ce qui est facile à concevoir.

2° L'épaule en dedans prépare un cheval à se mettre sur les hanches, parce qu'à chaque pas qu'il fait dans cette posture, il porte en avant sous le ventre la jambe de derrière de dedans, et va la placer au-dessus de celle de derrière de dehors, ce qu'il ne peut faire sans baisser la hanche : il est donc toujours sur une hanche à une main, et par conséquent il apprend à plier les jarrets sous lui ; c'est ce qu'on appelle être sur les hanches.

3° Cette même leçon dispose un cheval à fuir les talons, parce qu'à chaque mouvement, étant obligé de croiser et de passer les jambes l'une par-dessus l'autre, tant celles de devant que celles de derrière, il acquiert, par là, la facilité de bien chevaler les bras et les jambes aux deux mains, ce qu'il faut qu'il fasse, pour aller librement de côté. En sorte que lorsqu'on mène un cheval l'épaule en dedans à main droite, on le prépare à fuir les talons à main gauche, parce que c'est l'épaule droite qui s'assouplit dans cette posture ; et lorsqu'on lui met l'épaule en dedans à main gauche, c'est l'épaule gauche qui s'assouplit, et qui le prépare à bien passer la jambe gauche pour aller facilement de côté à main droite.

Pour changer de main dans la leçon de l'épaule en dedans, par exemple, de droite à gauche, il faut conserver le pli de la tête et du cou, et en quittant le mur, faire marcher le cheval droit d'épaules et de hanches sur une ligne oblique, jusqu'à ce qu'il soit arrivé dans cette posture sur la ligne de l'autre muraille ; et là il faudra lui placer la tête gauche et les épaules en dedans, et détachées de la ligne de la muraille, en l'élargissant et lui faisant croiser les jambes de dedans à cette main par-dessus celles de dehors, le long du mur, de la même manière que nous venons de l'expliquer pour la droite.

Comme le cheval manquera dans l'exécution des premières leçons de l'épaule en dedans, soit en mettant la croupe trop en dedans, soit au contraire en tournant trop les épaules en devant et en quittant la ligne de la muraille, pour éviter la sujétion de passer et de croiser ses jambes dans une posture qui lui tient tous les muscles dans une continuelle contraction, ce qui gêne, quand il n'y est pas accoutumé, le cercle alors doit servir de remède à ses défenses. On le mènera donc au petit pas sur un cercle large, et on lui dérobera de temps en temps des pas croisés des jambes de dedans, pardessus celles de dehors ; en sorte qu'en élargissant le cercle de plus en plus, insensiblement on arrivera sur la ligne de la muraille, et le cheval se trouvera dans la posture de l'épaule en dedans ; et dans cette attitude on lui fera faire quelques pas en avant le long du mur ; ensuite on l'arrêtera, on lui pliera le cou et la tête en faisant jouer le mors dans la bouche avec la rêne du dedans ; on le flattera et on le renverra.

S'il arrive qu'un cheval se retienne et qu'il se défende par malice, ne voulant point se rendre à la sujétion de cette leçon, il faudra la quitter pour quelque temps, et revenir au premier principe du trot étendu et hardi, tant pour la ligne droite que sur des cercles, et lorsqu'il obéira on le remettra au pas, l'épaule en dedans sur la ligne de la muraille ; et s'il va bien quelques pas, il faut l'arrêter, le flatter et le descendre.

Lorsque le cheval commencera à obéir aux deux mains à la leçon de l'épaule en dedans, on lui apprendra à bien prendre les coins, ce qui est le plus difficile de cette leçon. Pour cela il faudra à chaque coin, c'est-à-dire au bout de chaque ligne droite, faire entrer les épaules dans le coin, lui conservant la tête placée en dedans ; et dans le temps qu'on tourne les épaules sur l'autre ligne, il faut faire passer les hanches à leur tour dans le coin par où les épaules ont passé. C'est avec la rêne de dedans et la jambe de dedans qu'on porte le cheval en avant dans les coins ; mais dans le temps qu'on le trouve sur l'autre ligne, il faut que ce soit avec la rêne de dehors, en portant la main en dedans, et prendre le temps qu'il ait la jambe de dedans en l'air et prête à retomber, afin qu'en tournant la main dans ce temps-là, l'épaule de dehors puisse passer par-dessus celle de dedans ; et comme l'aide de tourner est une espèce de demi-arrêt, il faut, en tournant la main, le chasser un peu en avant avec le gras de jambes. Si le cheval refuse de passer la croupe dans les coins, en se tenant large de derrière, et en se cramponnant sur la jambe de dedans (défense la plus ordinaire des chevaux), il faudra pincer du talon de dedans en même temps qu'on tournera les épaules sur l'autre ligne. Voilà, selon moi, ce qu'on appelle *prendre les coins* et non pas comme font la plupart des cavaliers, qui se contentent de faire entrer la tête et les épaules dans le coin, et négligent d'y passer la croupe ; de manière que le cheval tourne tout d'une pièce, au lieu qu'en y faisant passer les hanches après les épaules, le cheval dans ce passage d'épaules et de hanches s'assouplit non seulement ces deux parties, mais encore les côtés, dont la souplesse augmente beaucoup l'agilité des ressorts du reste de son corps.

Si l'on examine la structure et la mécanique du cheval, on sera aisément persuadé de l'utilité de l'épaule en dedans : et l'on conviendra que les raisons que j'apporte pour autoriser ce principe sont tirées de la nature même, qui ne se dément jamais, quand on ne la contraint pas au delà de ses forces. Et en même temps, si l'on fait attention à l'action des jambes du cheval qui va sur un cercle la tête dedans, la croupe dehors, il sera aisé de concevoir que ce sont les hanches qui acquièrent cette souplesse que l'on prétend donner aux épaules par le moyen du cercle, puisqu'il est certain que la partie qui fait un plus grand mouvement est celle qui s'assouplit le plus. J'admets donc le cercle, pour donner aux chevaux la première souplesse, et aussi pour châtier et corriger ceux qui se défendent par malice, en mettant la croupe dedans malgré le cavalier ; mais je regarde ensuite l'épaule en dedans comme une leçon indispensable pour achever d'assouplir les épaules, et leur donner la facilité de passer librement les jambes l'une par-dessus l'autre, qui est une perfection que doivent avoir tous les chevaux qu'on appelle bien mis et bien dressés.

68

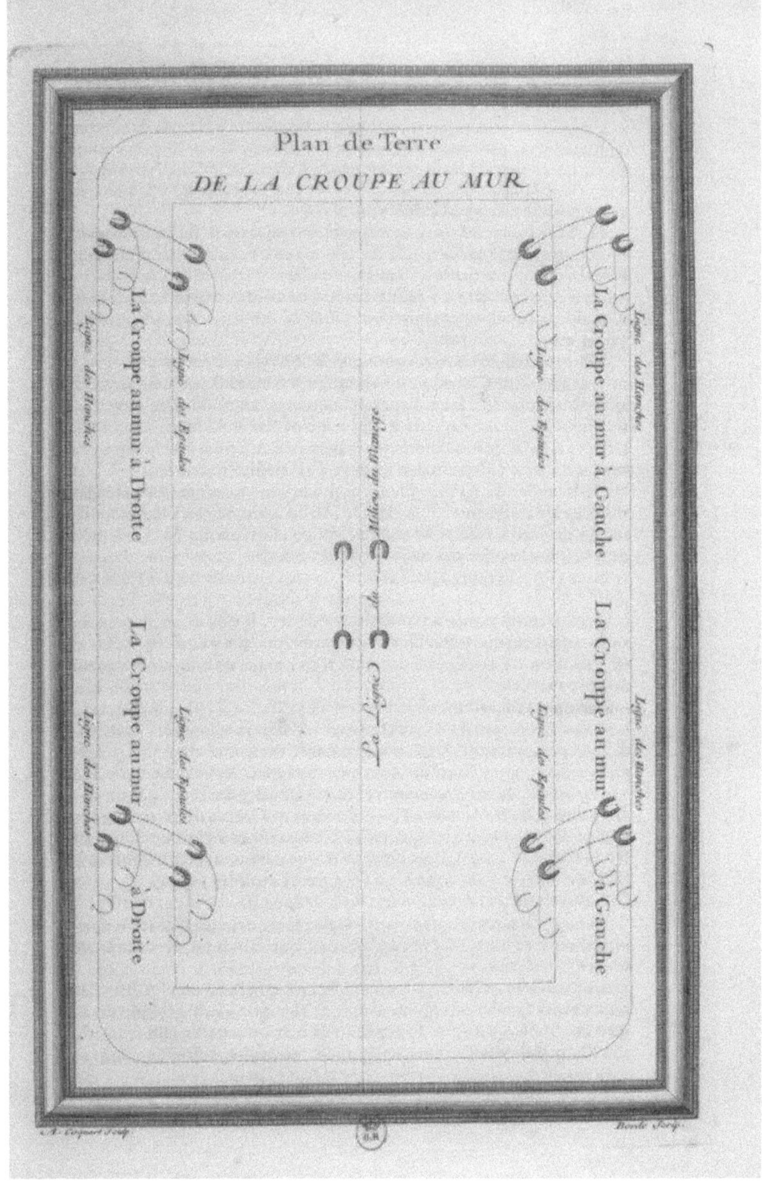
46
Plan de Terre
DE LA CROUPE AU MUR
La Croupe au mur à Gauche
La Croupe au mur à Gauche
La Croupe au mur à Droite
La Croupe au mur à Droite
Ligne des Hanches
Ligne des Epaules
Ligne du Milieu du Manège
La Croupe au mur
Ligne des Epaules
Ligne des Hanches
N. Cocquet Sculp.
Bénard Scrip.
69

# Procédé N° 9 L'EFFET D'ENSEMBLE

L'effet d'ensemble de Baucher est efficace, et utile pour aborder la haute école, mais utilisé par des cavaliers qui n'ont pas encore la compétence nécessaire, il aboutit très vite à l'équitation barbare que dénonçaient les détracteurs de Baucher en le caricaturant.

Ce procédé est au cœur de l'équitation de François Baucher, dont le premier but est d'annuler les forces instinctives du cheval.

« Il consiste en l'emploi simultané des aides propulsives et rétropulsives, de telle manière que l'opposition des forces dont elles déterminent la production en sens inverse, conduise à l'annulation complète de ces dernières » Decarpentry.

Ce procédé appliqué par de nombreux aficionados de François Baucher, d'hier et d'aujourd'hui, a sûrement détruit plus de chevaux qu'il en a construit. Mal utilisé il détruit l'impulsion ou rend le cheval rétif.

Et on est loin du « jamais ça toujours ça » dernières paroles de Baucher à son ami le Gl L'Hotte, loin aussi du « jambes sans main et du main sans jambes » de la seconde manière.

Le procédé fondamental de la méthode de Baucher, c'est « l'effet d'ensemble ». Il est destiné à solliciter les forces de l'arrière-main et de l'avant-main afin d'établir entre elles la plus juste harmonie.

Il consiste dans l'emploi simultané des mains et des jambes, le cheval doit rester immobilisé par l'effet d'ensemble, même sous le coup d'attaques.

Mais et c'est là qu'il devient intéressant, le procédé s'adresse aussi au cheval en mouvement, afin qu'il n'y ait pas de modification de l'allure, à la fois dans son rythme, son tempo, son amplitude et sa cadence, et c'est là, à mon avis, qu'il se rapproche du rassembler. Néanmoins, ce procédé semble en contradiction avec la formule plus tardive de Baucher : « jambes sans main, main sans jambes ».

Mais peut-on se passer de l'effet d'ensemble ?

Les procédés de préparation à l'effet d'ensemble sont principalement les flexions conduisant à la mise en main et au ramener, ce qui, jusqu'ici ne le distingue pas de la préparation au rassembler. Quand il est utilisé en place, l'écueil réside dans la perte d'impulsion que les opposants à Baucher n'ont pas manqué de souligner, et que bien des élèves de Baucher ne sont parvenus à éviter.

Faverot de Kerbrech nous enseigne que dans l'effet d'ensemble les jambes procèdent par action continuellement persistante, par pression; dans le rassembler, leurs actions sont brèves et intermittentes, idem pour les mains, action continue dans l'effet d'ensemble, discontinue dans le rassembler.

Etienne Beudant, disciple de Faverot, décrit l'effet d'ensemble dans son livre « Extérieur et haute école ». Il parle de l'effet d'ensemble sur l'éperon, ce que n'évoque pas Baucher. C'est un moyen très délicat à pratiquer et Beudant note :

« Il n'est pas à la portée de tout le monde ; c'est un rasoir qu'il ne faut pas mettre entre les main d'un singe ». Je vous ferai grâce de la description du procédé que je trouve quelque peu barbare.

Michel Henriquet qui connaissait parfaitement l'histoire de l'équitation à travers les siècles note : « De toute façon, il ne peut être envisagé qu'à un stade avancé du dressage et considéré comme une façon de rétablir ou de parfaire le rassembler. Toute tentative d'effet d'ensemble sur un cheval sensible et peu instruit se traduira par des défenses proportionnelles à son efficacité. Le cheval progressivement travaillé dans la recherche des translations de poids dans un sens ou dans l'autre par dissociation des actions de main et de jambe accepte sans surprise le rapprochement progressif et étalé sur des années d'exercices, de ces actions. Les déplacements de poids qui en sont les conséquences permettent de rapprocher plus ou moins les extrémités inférieures du cheval. Ils agissent sur la flexion des articulations et l'équilibre en réduisant sa base de sustentation».

**D'après le général Decarpentry :**

il est hors de doute que Baucher qui était un excellent professeur, expliquait lumineusement cette différence (effet d'ensemble/rassembler) à ses élèves dans son enseignement oral.

Pour Nuno Oliveira : « L'effet d'ensemble à l'éperon est un moyen de rendre le cheval ,attentif, rond, calme et léger…si l'effet d'ensemble est correctement employé, le piaffer cesse d'être un mystère pour beaucoup de cavaliers. Par contre, celui qui pratique l'effet d'ensemble avec des jambes dures, non descendues et en employant de la force dans les mains, court à l'échec. » Voilà, c'est à mon avis l'essentiel de ce qu'il faut retenir du procédé.

Pour conclure, Il me semble qu'il est préférable de pratiquer l'effet d'ensemble uniquement dans le mouvement, pour conserver, canaliser l'allure.Le cheval devant respecter la barrière de la main, d'où la mise en main comme préalable. Vouloir immobiliser le cheval en continuant à l'attaquer des talons, conduira le cheval à la rétivité.

**D'après le colonel André Jousseaume**

L'effet d'ensemble est de la plus grande utilité quand on a l'intention de pousser le dressage très loin, on peut même dire qu'il est indispensable.

Mais, c'est un couteau à deux tranchants qui peut avoir comme inconvénient de rendre le cheval froid aux jambes, et même rétif, s'il est mal enseigné. Il faut donc, pour quelqu'un d'inexpérimenté, aller doucement et s'assurer que l'impulsion n'en souffre pas.

Comme son nom l'indique, il doit avoir une répercussion sur tout le cheval et le mettre à l'entière disposition du cavalier. Il a donc pour résultat de dominer le cheval et de le calmer. Notamment, il permettra de dominer la peur du cheval effrayé par un objet quelconque.

C'est peut-être un risque que je prends ici, mais à mon avis on ne peut dissocier le rassembler de l'effet d'ensemble. Ils sont par certains côtés proches l'un de l'autre, contrairement aux apparences.

En tout cas, l'un comme l'autre sont indispensable pour l'exécution des airs de haute école, comme le passage et le piaffer.

Je reprends la formule d'André Proot : « On ne peut initier le cheval à l'effet d'ensemble que lorsque celui-ci a atteint un bon degré d'équilibre physique et mental, cet acte implique naturellement la maturité équestre qui s'impose à tout équitant qui se risque à cet exercice. Initier un cheval à l'effet d'ensemble demande autant de patience que de science. La préparation prime l'exécution ».

Nous voilà prévenu. Ce procédé, mal utilisé détruit l'impulsion ou rend le cheval rétif.

Et pour cause, nous rappelle le général Wattel : « l'action de la main doit être aussi légère que possible et cesser ou diminuer dès que le cheval commence à obéir. Il faut veiller à ce que l'action de la main ne soit pas en contradiction avec celle des jambes… C'est vrai pour une équitation courante et pour les débutants, mais dès qu'il s'agit de rassembler, d'équitation plus savante, on est bien obligé d'accorder, mains et jambes agissent ensemble…Cette action simultanée des jambes et de la main est pleine de périls : ou bien le cheval peut se mettre derrière la main (en réalité derrière les jambes) ou bien il force la main. J'ai vu des chevaux forcer la main, se jeter contre un mur du manège ».

Le cheval doit donc être suffisamment assoupli et obéissant pour pouvoir se soumettre à la contraction demandée.

C'est pourquoi il est indispensable de savoir rendre pour récompenser le cheval. Prendre et rendre et plutôt deux fois qu'une.

L'utilisation de l'hyperflexion, des enrênements, des muserolles serrées devant et derrière le mors sont les moyens modernes que l'on a trouvés pour obtenir cette soumission. Résultat : les cavaliers sont inclinés à 30° pendus sur leurs rênes, se balançant de gauche à droite, l'éperon remontant jusqu'au tapis de selle. Nous en sommes donc rendus à une équitation basée sur l'appui, voire la traction, loin de toute légèreté, principe de l'équitation française. Ce pourrait être acceptable après tout. L'inconvénient, c'est que le cheval en souffre et cela m'est intolérable. A cheval, si vous êtes pressé, allez lentement.

Nuno Oliveira lui-même écrira : « Aucun cheval n'est complétement dressé s'il n'a pas connu les effets d'ensemble. Si l'effet d'ensemble est correctement employé, le piaffer cesse d'être un mystère pour beaucoup de cavaliers ». On ne saurait donc le réduire à combattre les résistances et à calmer le cheval en obtenant l'arrêt complet. L'effet d'ensemble va plus loin…

Raabe décrit l'effet d'ensemble dans sa méthode de haute école. En résumé :

« L'action de serrer progressivement toutes les aides produit un effet d'ensemble qui tend à obliger le cheval à se rassembler, à rapetisser sa base de sustentation, à ne pas s'appuyer sur la main, à écouter ce qui va lui être demandé par le cavalier…Lorsque l'on peut facilement obliger le cheval à l'immobilité, on peut de même le rendre mobile à volonté. Lorsque le cheval est façonné aux effets d'ensemble, il est disposé à se laisser rassembler ». A ce moment, les jambes qui agissaient avec une progression continue et graduée, à la sangle, se reculeront pour agir par pressions successives et alternées même, mais non continues.

Écuyer de première classe, Jean-Marie Donard disparu en 2017, connut des succès incomparables dans le dressage des chevaux et particulièrement en matière de haute école. Il était très apprécié de Nuno Oliveira et de Jean d'Orgeix, ce qui n'est pas rien. L'un des rares qui mérite véritablement le titre d'écuyer, quand on sait ce qu'il comporte comme critères.

Il a fait de l'effet d'ensemble, l'un des piliers de sa méthode de dressage qu'il décrit dans son « Guide de dressage ».

Il rappelle que Faverot de Kerbrech et le colonel Jousseaume l'ont expliqué remarquablement dans leurs ouvrages: « Dressage méthodique du cheval de selle » et « Dressage ». Livres que j'ai fait rééditer et que vous trouverez facilement  dans les bonnes librairies.

L'effet d'ensemble a mauvaise presse, et pour cause, mal utilisé il détruit l'impulsion ou rend le cheval rétif. « Si le cavalier croit pratiquer l'effet d'ensemble en attaquant avec les éperons tout en coinçant le cheval avec la main, il en est bien loin ». Mais il est proche de sa destruction. C'est donc une arme à double tranchant.

L'effet d'ensemble consiste dans l'emploi simultané des forces propulsives et rétropulsives. C'est un procédé qui exige beaucoup de tact, le risque de prendre sur l'impulsion et de créer du désordre est important, beaucoup des élèves ou partisans de Baucher, qui ont appliqué sa méthode par la seule lecture du livre ont connu bien des déboires, bien des écueils.

« Les procédés de préparation à l'effet d'ensemble sont les « flexions » celles de l'avant et celles de l'arrière-main. Dans l'avant-main, c'est par le raccourcissement du bras de levier formé par l'encolure, le refoulement de celle-ci sur le tronc, et son « enroulement » sur elle-même, que s'effectuera le recul du centre de gravité, freinant la fuite de la masse vers l'avant, quand elle y est poussée par l'effort de l'arrière-main».

C'est le résultat recherché dans la « flexion directe », qui conduit au ramener. La pratique du reculer assurera plus de puissance au refoulement. Et qui en plus augmente la fermeture des articulations et comprime ses ressorts, dont la détente règle l'intensité de l'impulsion.

« Pour l'arrière-main, les flexions consistent en rotation de la croupe autour des épaules ».

L'effet d'ensemble est le terme choisi par Baucher pour définir un mode d'action des aides destiné à solliciter les forces de l'arrière-main et de l'avant-main afin d'établir entre elles la plus juste harmonie.

Ce n'est donc ni une allure, ni un air, mais une combinaison d'aides pour aboutir à la légèreté par un accord parfait de l'assiette et des jambes d'une part, et de la main d'autre part. Baucher précise que « tant que l'assouplissement général du cheval n'est point parfait, les effets d'ensemble ne peuvent être qu'ébauchés. »

Pour le Maître du XIXe siècle, ce moyen est destiné à parfaire l'équilibre de chevaux déjà très avancés en dressage et à contrôler les gestes intempestifs, tels par exemple un piaffer en défense. Son disciple, le général Faverot, désigne ce moyen comme « l'effet d'ensemble sur l'éperon » et donne à cet instrument une prépondérance que Baucher n'évoque pas puisqu'il ne parle pas une fois de l'éperon dans le chapitre qu'il consacre à l'effet d'ensemble.

Faverot y voit surtout « le moyen absolument sûr d'empêcher défenses et désordres. » Le capitaine Beudant reprend le même concept. Gerhardt, autre disciple de Baucher, reste fidèle à la conception du Maître réunissant dans le même chapitre l'effet d'ensemble et la descente de main sans intervention de l'éperon.

A bien y regarder, si le terme opposition choque ou interpelle, c'est qu'il est inapproprié et qu'il vaut mieux parler « d'harmonie » les forces cessant d'agir dès que l'opposition se fait sentir ; la résistance si l'on se place du côté du cheval. C'est tellement subtil que l'on comprendra qu'il doit être utilisé que dès que le cheval est suffisamment assoupli d'une part et d'autre part, que le cavalier ait acquis le tact qui convient, et cela n'est pas toujours donné.

Toute tentative d'effet d'ensemble sur un cheval sensible et peu instruit se traduira par des défenses proportionnelles à son efficacité. Le cheval progressivement travaillé dans la recherche des translations de poids dans un sens ou dans l'autre par dissociation des actions de main et de jambe, accepte sans surprise le rapprochement progressif et étalé sur des années d'exercices, de ces actions. Les déplacements de poids qui en sont les conséquences permettent de rapprocher plus ou moins les extrémités inférieures du cheval. Ils agissent sur la flexion des articulations et l'équilibre en réduisant sa base de sustentation.

C'est ainsi, par exemple, que l'on doit agir pour interrompre une diagonalisation non sollicitée d'un cheval nerveux qui ne tient pas l'arrêt régulier et fait une confusion avec le piaffer. C'est de la même manière que l'on interrompt le piaffer d'un débutant auquel la simple descente de main et de jambe ne suffit pas. C'est encore par un léger effet d'ensemble appliqué à l'instant où l'on arrête le cheval qu'on en perfectionne la régularité. Et encore par des effets d'ensemble plus ou moins concentrés que l'on règle la cadence d'un trot d'école ou d'un galop ralenti.

Pour les arrêts rassemblés ou pour corriger des pertes d'équilibre en place, on ne peut effectivement terminer l'enveloppement d'assiette - cuisses - jambes, par l'application délicate de l'éperon au poil. Il faut alors une finesse d'assiette et une précision peu commune, faute de quoi cet embrassement magique peut devenir... maléfique au moindre mouvement involontaire.

Un effet d'ensemble s'applique dans le temps d'une foulée s'il sollicite l'arrêt ; il cesse aussitôt obtenu. S'il est destiné à améliorer le rassembler ou la cadence du trot ou du galop, il ne peut être prolongé au-delà d'une foulée sans inquiéter le cheval, quitte à le reprendre un peu plus loin.

J'ai pleinement conscience de la difficulté de faire passer en quelques lignes une explication qui nécessite une démonstration observée, puis pratiquée sur un cheval mis. Hélas, ainsi en va-t-il de l'équitation fine où, au fil et à mesure de son évolution, l'explication tangente les limites de l'indicible.

**D'après Nuno Oliveira :**

L'effet d'ensemble à l'éperon est un moyen de rendre le cheval attentif, rond, calme et léger. Ce qui est fondamental, c'est que dans l'effet d'ensemble, l'action des éperons doit se faire à un endroit différent de leur zone d'action habituelle. Ainsi, je conseille que l'action de l'effet d'ensemble ait toujours lieu à la sangle. Si l'effet d'ensemble est correctement employé, le piaffer cesse d'être un mystère pour beaucoup de cavaliers. Cependant, celui qui pratique l'effet d'ensemble avec des jambes dures, non descendues et en employant de la force dans les mains, court à un échec.

Aucun cheval n'est complètement dressé s'il n'a pas connu les effets d'ensemble. Mais il faut savoir à quel moment de son dressage on doit les lui faire connaître. Sur certains chevaux, il ne faut pas les demander avant de les sentir bien décontractés dans leur corps et dans sa tête, avec le désir constant de se porter en avant ; sur d'autres, très chauds et très distraits, qui ont toujours envie d'avancer, vous aurez tout avantage à appliquer l'effet d'ensemble au plus tôt. Là aussi, pas de règle générale. C'est le cavalier, grâce aux connaissances acquises par la pratique et la réflexion, qui doit décider à quel moment employer l'effet d'ensemble. C'est un moyen très puissant pour résoudre énormément de problèmes. Je me souviens qu'il y a une bonne quarantaine d'années, à une époque où l'on pouvait encore monter à cheval dans les rues de Lisbonne, l'on m'avait demandé d'habituer un cheval à ne plus avoir peur des voitures, camions et tramways qui passaient. Il y avait une petite rue calme qui donnait dans une rue principale. Une fois le cheval mis à l'effet d'ensemble, j'allais tous les jours l'arrêter à cet endroit, devant la grande rue où passait toute la circulation. Plus attentif à l'effet d'ensemble, il s'est habitué en deux ou trois semaines à ne porter son attention qu'à l'approche de l'éperon. J'allais ensuite sur la grand-route et chaque fois que je le sentais inquiet ou peureux, je l'arrêtais sur l'effet d'ensemble. Progressivement et sans lutte, il a été rapidement capable d'aller n'importe où. Il fut ensuite monté en amazone par une dame qui allait partout avec lui. Le colonel Lagarde m'avait raconté il y a quelques années qu'étant en poste en Afrique du Nord, le capitaine Beudant devait présenter son cheval Mabrouk au cours d'une fête équestre, avant qu'ait lieu la fantasia. Les cavaliers arabes s'étant trompés d'heure, ils arrivèrent au grand galop sur la piste où Beudant travaillait son cheval en haute école.

Beudant l'arrêta alors par l'effet d 'ensemble et il ne bougea pas une oreille.

Après le passage des Arabes, il reprit un piaffer majestueux dans une cadence parfaite. Voilà la puissance de l' effet d'ensemble. Aujourd'hui, dans le monde du soi-disant dressage, des chevaux champions se comportent en animaux non dressés dès qu'ils sont sortis du rectangle, face au bruit e t aux autres chevaux.

### *Revenons à Baucher :*

*« J'ai publié quatre éditions de ma Méthode, sans consacrer un article spécial aux effets d'ensemble. Quoique j'en fisse moi-même un emploi très fréquent, je ne m'étais pas suffisamment rendu compte de l'importante nécessité de ce principe en matière d'enseignement ; je n'avais pas attaché à cet effet fréquent des aides toute la portée que je lui ai reconnue après de nouvelles expériences.*
*Appelé à l'école de Saumur, et chargé de démontrer à soixante-douze officiers tous les principes de ma méthode en sept semaines, j'ai dû m'appesantir davantage sur les points principaux et essentiels. Les effets d'ensemble, dont je n'avais parlé que vaguement, laissaient une lacune dans la classification de mes moyens d'éducation ; je vais tâcher de la remplir.*

*Les effets d'ensemble s'entendent de la force continue et justement opposée entre la main et les jambes. Ils doivent avoir pour but de ramener dans la position d'équilibre toutes les parties du cheval qui s'en écartent, afin de l'empêcher de se porter en avant, sans qu'il recule, et vice versa ; enfin ils serviront à arrêter le mouvement de droite à gauche ou de gauche à droite. C'est encore par ce moyen qu'on arrivera à répartir également le poids de la masse sur les quatre jambes, et que l'on produira l'immobilité momentanée. L'effet d'ensemble doit précéder et suivre chaque exercice dans la limite graduée qui lui est assignée. Il est essentiel, lorsqu'on emploie les aides pendant ce travail, de faire toujours précéder l'action des jambes, pour empêcher le cheval de s'acculer : car il trouverait alors, dans ce mouvement, des points d'appui propres à augmenter ses résistances. Ainsi toute mobilité des extrémités provenant du cheval, dans quelque mouvement que ce soit, devra être arrêtée par un effet d'ensemble ; chaque fois enfin que les forces se disperseront, le cavalier trouvera un correctif puissant et infaillible dans l'emploi des effets d'ensemble.*

*C'est en disposant toutes les parties du cheval dans l'ordre le plus exact qu'on lui transmettra facilement l'impulsion qui doit servir aux mouvements réguliers de ses extrémités ; c'est alors aussi qu'on parlera à sa compréhension et qu'il appréciera ce que l'on veut exiger de lui ; puis, viendront les caresses de la main et de la voix comme effet moral ; elles ne devront se pratiquer, toutefois, qu'après les justes exigences de main et de jambes du cavalier ».*

## *PRÉCISIONS SUR LA MISE EN MAIN*


*Compte tenu des écueils qui suivent une mauvaise utilisation des « FLEXIONS », certains auteurs soutiennent que la mise en main se reçoit. Certes, je les comprends parce que si on cherche à l'obtenir par la force ou une mauvaise utilisation des procédés, il vaut mieux attendre que le cheval la donne, et il la donnera certainement s'il est suffisamment musclé et assoupli.*

*Pour la descente de main, le cavalier peut se référer à La Guérinière et à Baucher pour les flexions, en passant au préalable par Decarpentry et Fillis, entr'autres afin d'éviter les écueils dont j'ai parlé plus haut.*
*« Enfin, et c'est en ceci que Baucher a enrichi l'art équestre d'une découverte véritablement capitale, si le cheval raréfie ses mises en main spontanées, s'il refuse les mises en main sollicitées, il manifeste l'altération de son équilibre physique ou moral. La mise en main finalement obtenue rétablit cet équilibre par son effet propre sur l'organisme entier du cheval plus rapidement et avec infiniment plus de précision que ne saurait le faire un autre effet des aides ». Decarpentry.*
*« Un cheval qui porte la tête basse est lourd à la main, parce qu'il porte tout son poids sur l'avant-main, et pourtant, il ne s'ensuit pas qu'il ait la bouche dure... » Fillis. C'est en cela que je préconise de ne pas descendre le nez du cheval plus bas que la pointe de son épaule dans la descente, extension de l'encolure.*
*Les écueils : « Cette flexion vicieuse, si commune aujourd'hui, se fait au garrot au lieu de se faire à la nuque. Elle affaisse l'encolure, achève de mettre le cheval sur les épaules, c'est-à-dire aggrave le défaut naturel du cheval, le prépare aux chutes par la tête basse et à l'encapuchonnement en ramenant la tête en deçà de la verticale ».Fillis*
*Je pourrais poursuivre sur ce sujet, il est inépuisable. Je conseille la lecture des auteurs que je viens de citer, et bien d'autres, et si vous le pouvez, l'attache d'un bon professeur., mais je ne préconise pas les forums.*

*Ramener, rassembler. Flexion, extension, mise en main, comment conclure ?*

*Ce qu'il faut retenir, d'un point de vue physiologique.*

*En observant La colonne vertébrale du cheval, on constate que l'encolure présente deux courbures : de l'occiput à la 3ème vertèbre cervicale (convexe), puis cette courbure s'inverse de la 4ème cervicale aux premières thoraciques. (concave)*

*Dans son livre sur la mécanique équestre, le Dr vétérinaire André leur donne un nom. Petite encolure jusqu'à la 3ème vertèbre cervicale, grande encolure pour les suivantes.*

*Le redressement et l'inversion de la grande encolure, en élève la base. C'est le premier degré du ramener, qui peut être complet s'il s'accompagne d'une flexion de la nuque et de l'élévation en bloc de toute l'encolure. Si on ajoute la décontraction de la mâchoire, nous avons la mise en main.*

*Il faut noter que les encolures rouées ou encapuchonnées donnent bien le relèvement de leur base, mais l'encolure rouée la refoule en arrière, tandis que l'encolure encapuchonnée la tire en avant.*

*Si la base de l'encolure est élevée et redressée vers l'arrière, la tige dorso-lombaire est moins voussée.  Rappelons qu'un rein voussé est un rein raide, contracté, souffrant, comme quand le cheval a froid.*

*Le ramener favorise l'abaissement du bassin, la flexion du rein et l'engagement des postérieurs sous le tronc. Le cheval est alors au ramener et au rassembler, ce qui est impossible avec un cheval encapuchonné.*

*Dans le triptyque Ramener, Mise en main, Rassembler, elle est la suite logique du ramener. Elle se caractérise par la décontraction de la bouche dans le ramener. Sur place d'abord, mais surtout dans le mouvement en avant, car toute la conduite du cheval repose sur l'impulsion. L'impulsion, précisons-le, n'est pas l'affaire du cheval qui agit beaucoup, mais du cheval qui agit facilement, qui se met facilement en action, en mouvement, à la moindre sollicitation.*

*La mise en main, c'est donc l'équilibre dans l'impulsion.*

*La main gère l'énergie transmise et la répartit équitablement entre l'équilibre et le mouvement en avant, l'un ne devant pas nuire à l'autre, en suivant le principe de François Baucher. Mains et jambes vont « jongler » ensemble sans porter atteinte au perçant du cheval.*

*Pour y parvenir le cavalier utilisera les flexions décrites par Baucher, ce qui a pour effet de décontracter la bouche du cheval et entraine la détente de toute la structure musculaire du cheval.*

*Le danger avec les flexions est,- surtout avec des chevaux de sang - que la bouche et l'encolure deviennent plus souples que le reste, ce qui est un écueil. Il faut donc, en même temps, gymnastiquer le cheval pour l'assouplir dans son ensemble.*

*Les résistances de poids seront combattues par des demi-arrêts et les résistances de forces par des vibrations (le badinage des rênes). Si on ne sait pas exactement s'il s'agit de résistances de force ou de poids, on utilisera les deux procédés.*

*Le reculer est aussi un procédé à utiliser pour la mise en main. Il faut apprendre à reculer sans utiliser les jambes, simplement par le reflux de poids vers l'arrière, dû au relèvement de l'encolure.*

*L'important est de bien doser l'opposition entre les mains et les jambes. C'est un jeu subtil qui demande du tact et qui permet de concentrer les forces du cheval, si bien que quand la main cède, l'impulsion s'échappe vers l'avant provoquant une accélération du mouvement. Si les jambes cèdent, l'impulsion contenue entre les jambes et les mains s'échappe vers l'arrière, ce qui se traduira par un ralentissement de l'allure si le cheval est en mouvement, ou un reculer si le cheval est à l'arrêt.*

*Le cheval en main donne sa bouche, retrouve sa salive (et non sa bave), il goûte son mors pour employer des termes de l'équitation française.*

*Un cheval en main est prêt à répondre à toutes les demandes de son cavalier.*

*« Le cheval fera tout ce qu'on voudra si, en exécutant ce qu'on lui demande, il s'attend à quelque récompense » Xénophon 400 av JC.*

*Récompense qui se trouve parfois sur le bord d'un chemin vert. Un bon cheval est d'abord un bon cheval d'extérieur.*

*Je termine avec une précision: il ne faut pas pratiquer la mise en main de façon continuelle et prolongée. Il faut pouvoir mettre son cheval dans la main en toutes occasions et à toutes les allures, mais le faire que de temps à autre quand il y a perte d'équilibre ou que l'air demandé le nécessite.*


### *1- Cheval sur la main*


*D'Aure a enseigné qu'à la pression des jambes, le cheval doit se porter en avant, et plus ou moins sur la main, suivant l'usage auquel il est destiné.*

*Si on se réfère à l'épisode de sa rencontre avec Baucher, raconté par Maxime Gaussen, on constate que son ramage ne ressemble pas toujours à son plumage. Mais quelle âme est sans défaut ?*

*D'Aure rejetait l'emploi de la force, nous dit Beudant. Il voulait qu'on mît le cheval seulement en situation de faire lui-même et il ne cherchait qu'en partie la possession des forces de l'animal (légèreté relative).*

*L'apport de d'Aure, c'est l'équitation d'extérieur, inspirée par l'anglomanie, une équitation qui va de l'arrière vers l'avant.     « C'est le vent qui souffle dans les voiles du navire ». Il en est de l'impulsion comme de la vapeur. Le cavalier tient dans la main la soupape de la chaudière, et il laisse s'échapper plus ou moins de vapeur, qui doit se présenter de manière constante ». L'énergie est transmise par l'arrière-main et reçue SUR la main du cavalier, qui va plus ou moins bien la gérer, selon la qualité de sa main, son tact.*

*C'est un concept qui convient bien à l'équitation extérieure. Notons que l'impulsion n'est pas la qualité du cheval qui agit beaucoup, mais qui agit facilement, au souffle de la botte. L'équilibre du cheval doit être un équilibre naturel retrouvé, pas un équilibre acquis ou le cheval utilise la main du cavalier comme cinquième jambe.*

*La légèreté se reconnaît à l'absence de résistance aux effets du mors, de filet ou de bride. La légèreté est l'indice révélateur et infaillible de l'ÉQUILIBRE. L'équilibre ne devant pas nuire à l'impulsion et vice-versa.*

*En équitation rien n'est jamais acquis, surtout les méthodes scientifiques, et il faut bien se garder de se prendre pour son logarithme. Rousselet a écrit : « Les méthodes scientifiques qui concluent d'une manière absolue ne sont pas applicables au cheval soumis à tant d'influences diverses, dont les causes échappent pour la plupart, à nos sens et à nos calculs ».*

*Cela étant, toute théorie doit être soumise à l'épreuve des faits. Et c'est au pied du mur qu'on voit le maçon. D'Aure était un centaure et Baucher un génie.*


## 2- La mise en main

*« La mise en main, c'est la décontraction de la bouche dans la position du ramener ».*

*Cette décontraction s'accompagne d'un mouvement analogue à la déglutition et provoque une légère salivation. Le mors fait entendre un léger cliquetis.*

*Naturellement, la mise en main qui détient les secrets de la « haute école » est rendue impossible avec l'emploi des muserolles serrées couplées de noseband. Le cheval muselé ne peut ouvrir la bouche.*

*Il faut obtenir un discret murmure et non un fastidieux bavardage, comme le souligne le général L'Hotte.*

*Le cheval travaillé dans la mise en main « se plait dans son air » disaient les Anciens. Les muscles se détendent et leur détente gagne de proche en proche toute la structure du cheval et selon les locutions populaires, le cheval « retrouve sa salive » (ne pas confondre avec la mousse, parfois rougie, que l'on voit apparaitre sur les chevaux muselés) ; « il goûte son mors » ; il se montre « galant dans sa bouche ».*

*Baucher considérait la mobilisation de la bouche comme un préalable et non une fin dans le dressage du cheval. Il l'obtient au moyen de flexions (qui ne sont pas sans danger).*

*Quand le cheval n'est ni muet ni bavard, il travaille en parfaite légèreté. La mise en main rétablit l'équilibre.*

*Par équilibre il faut entendre la juste combinaison des forces et du poids du cheval, déterminant la position ou la régularité (cadence) et la permanence dans le mouvement.*

*Plus le déplacement de poids est facile dans tous les sens, plus l'équilibre est parfait. De simples indications suffisent au cavalier pour modifier à son gré l'équilibre.*

*Références : Decarpentry, Beudant.*


*On comprend facilement que dans ces conditions, les muserolles serrées, couplées de « noseband », en dehors des désordres physiologiques qu'elles provoquent, rendent la « mise en main », telle qu'elle est définie ci-dessus, impossible. Cela signe une équitation basée sur l'appui.*

*Les muscles qui auparavant étaient contractés, crispés, produisant des résistances, se détendent peu à peu et gagnent de proche en proche tout l'appareil musculaire.*

*Baucher utilisait les flexions de mâchoire comme préalable à la mise en main. Ses procédés ne sont pas sans danger. A trop assouplir la bouche et l'encolure on finit par ne plus avoir de moyen d'action sur le reste du corps.*

*Les anciens aboutissaient à la mise en main en la recherchant indirectement par une gymnastique d'ensemble, qui amène le cheval à l'emploi le plus harmonieux des forces. La mise en main était considérée comme « un cadeau des hanches ».*

*Cela étant, rien n'interdit d'utiliser réciproquement les deux procédés. La souplesse du bout de devant se développant en même temps que celle du reste du corps.*

*Le cheval en main travaille en parfaite légèreté. Elle renseigne sur l'état moral et physique du cheval, elle rétablit les équilibres.*

*Une fois que l'on a appris à se tenir correctement à cheval et à monter à califourchon sans que celui-ci vous fasse un bras d'honneur en vous emmenant contre votre gré, car dès que les rênes sont ajustées le cheval doit attendre les instructions de son cavalier ; il est temps d'aborder la mise en main.*

*Celle-ci commence par le CONTACT. Pour bien conduire son cheval, la main doit être précise comme celle d'un pianiste ou d'un fleurettiste.*

*Le contact se définit comme la relation entre la main du cavalier et la bouche du cheval et il n'est pas besoin que le fil soit tendu pour que le courant passe.*

*Le cheval doit s'habituer à suivre la main dans toutes les indications que celle-ci lui donne. Dès le début il ne doit pas résister contre la main, battre à la main lâcher la main. Le contact conduit à la tension des rênes qui ne tient pas de la décision du cheval, mais du cavalier. Cette main qui doit être légère, douce ou ferme, comme l'a défini La Guérinière.*

*Le contact prépare la MISE SUR LA MAIN qui se définit comme le RAMENER dans L'IMPULSION. Le cheval ferme « gentiment sa bouche sur son mors ».*

*Dans tout ce travail de la recherche d'un bon contact, la décontraction de la mâchoire a son importance. Au départ, il faut veiller à ne pas serrer la muserolle et bannir le noseband qui verrouille la bouche et interdit la décontraction de la mâchoire donc de toute la structure.*

*La mise sur la main pour employer le terme de l'école classique vient après le contact. Elle est la première opération à conduire avec un cheval non dressé. On parle d'un cheval sur la main, car elle reçoit une partie de l'énergie transmise que les postérieurs ont créée (équitation d'auriste). Avec Baucher on utilisera plutôt le terme de mise en main (le cheval est en avant des jambes, mais en arrière de la main).*

**MODÈLE DE REPRISE( fin de 2<sup>ème</sup> période**

1) Détente aux trois allures………………………………………..…6'
2) Au pas rênes longues, repos………………………………… .. 2'
3) Au pas flexions latérales et directes, idem au trot…………………... .3'
4) Au pas et au trot :
Voltes, demi-voltes, lignes brisées avec rêne d'ouverture et contraires ..4'
5) Au pas rênes longues repos………………………………………..1'
6) Effet d'ensemble a l'arrêt………………………………………2'
7) Travail de deux piste :………………………………………..4'
Au pas, volte à chaque main hanches en dedans
Quelques foulées de tête au mur à chaque main
Quelques foulées de croupe au mur à chaque main
Appuyer sur la diagonale à chaque main
8) Repos………………………………………………………1'
9) Au trot même travail qu'au pas………………………………3'
10)      Repos au pas rênes longues…………………………………...2'
11)      Galop aux deux mains sur le cercle allongements sur le grand côté,
Ralentissement sur petits côtés.
12)      Repos                                                        2'
13)      Épaule en dedans au pas et au trot sur la piste……………….2'
14)      Repos                                                        1'
15)      Variations d'allures :…………………………………4'
   a) Du pas au trot assis et réciproquement.
   b) Du trot assis à l'arrêt.
   c) De l'arrêt au trot assis.
   d) Trot allongé sur les grands côtés, ralenti (assis) sur les petits côtés
16)      Au pas, rênes longues, repos…………………………………..2'
17)      Galop à faux 3' à chaque main……………………… ..6'
18)      Changement de main sur la diagonale
19)      Retour au calme, au pas, rênes longues…… …… …........4'

# TROISIÈME PÉRIODE

Cette période consiste en premier lieu à parfaire les procédés utilisés dans les deux précédentes périodes.

C'est le moment d'y ajouter :
1. Le travail au galop.
2. Le reculer
3. L'arrêt parfait.
4. Les pirouettes.

## Procédé N°10 LE GALOP

Principales sources : Faverot de Kerbrech,  Pierre Chambry, Philippe Karl, Luc Pirick.

L'approche pédagogique traditionnelle distinguait trois formes de départ au galop ; par perte d'équilibre, par rupture d'équilibre volontaire et par prise d'équilibre.

Quand le cheval part au galop à droite en chutant sur l'antérieur droit, la croupe remonte et la base de l'encolure s'affaisse. Il entame le galop par un 3e temps. Quand le cheval part au galop à droite en engageant les hanches, la croupe descend et la base de l'encolure remonte. Il entame le galop par un 1er temps.

En dehors de cas tout à fait particuliers, il ne faut prendre le galop que par prise d'équilibre, et le plus rapidement possible du pas. D'abord, parce que perdre volontairement l'équilibre n'est certainement pas utile, ensuite parce que ce type de départ au galop est un excellent exercice de musculation et de préparation au rassembler.

## *LES DÉPARTS AU GALOP*

Le départ au galop par prise d'équilibre, en utilisant les aides diagonales est une étape vers la rectitude. Et aussi vers une équitation supérieure. Mais il serait vain d'aborder le changement de pied sur la ligne droite par ce seul moyen. Le départ au galop par les aides latérales intérieures sera l'étape suivante. Puis suivront les départs au galop par la jambe seule ; puis par la main seule.(principe de mains sans jambes et jambes sans mains).

Puis, lorsque la vitesse du galop se réduira pour être la même qu'au pas, le cheval pourra passer du galop au pas, sans faire de foulée de trot, puis du pas au galop (ferme à ferme).Ce qui exige un cheval rassemblé et droit.

La route est longue, car la réussite d'une figure comme le changement de pied est conditionnée à la réalisation parfaite des exercices préalables. On va du simple au complexe.

Les demandes de départ au galop seront progressives :

Du trot assis dans le coin puis sur le cercle. Du trot assis sur la ligne droite. Du pas sur le cercle. Du pas sur la ligne droite.De l'arrêt sur la ligne droite. Du reculer sur la ligne droite.

Exemple au galop à droite, par les aides diagonales :

Il faut soulager le latéral interne, le droit. Le fait d'accentuer le pli à droite fait reporter du poids sur l'antérieur gauche, idem pour l'assiette qui doit se porter à gauche.

1) Rêne droite, pour demander le pli et assiette à gauche.

2) La rêne gauche limite le pli.

3) Jambe isolée gauche, légèrement en arrière derrière la sangle.

4) Action de la jambe droite pour donner l'impulsion.

5) Léger serrement des doigts sur la rêne droite et légère élévation qui donne l'impression d'enlever l'avant main.

6) Cession des deux mains au moment du départ.

Ensuite il faut choisir le moment pour demander le départ, selon l'allure qui le précède.

Le cheval qui part au galop par les aides diagonales est incurvé, donc, il n'est pas droit. D'où l'intérêt de travailler le redressement du galop, au moyen de l'épaule devant ou épaule en avant. Il faudra ensuite réduire peu à peu l'incurvation, au moyen des aides latérales intérieures puis selon le principe de : « jambes sans mains et mains sans jambes » obtenir des départs avec la main seule ou avec la jambe seule. Mais il faut être patient. Le cheval est alors prêt pour aborder les changements de pied au galop.

« Pour obtenir un effet gymnastique dans le départ au galop du pas, par prise d'équilibre, il faut le demander dans des conditions qui incitent le cheval à prolonger l'abaissement des hanches pendant quelques foulées.

En demandant le départ sur un ovale et vers l'entrée du coin, dans un espace délimité, on empêche le cheval d'ouvrir sa foulée et de reporter du poids vers les épaules.
Après avoir galopé quelques foulées, on repasse au pas et on récompense, puis on recommence.
L'exercice doit être exécuté dans un rythme régulier, et son prérequis sera donc le départ au galop du pas dans le calme sur le petit cercle de 12 à 15m.
L'ovale, d'une dizaine de mètres de diamètre au début, peut être progressivement rétréci, en fonction de la musculation du dos/rein et de la croupe.
L'exercice impose une charge importante sur le postérieur intérieur ; il faut le travailler par des séquences courtes, 5 ou 6 départs, entrecoupées de temps de relaxation. » Luc Pirick


Il faut dans un premier temps, au pas, améliorer la qualité du contacts si ce n'est pas encore la mise en main, ni le rassembler parfait. Il faut veiller ensuite que le couple tête/encolure soit suffisamment relevé. Le cheval ne doit pas piquer du nez mais maintenir sa position. Ensuite il préconise de tourner les épaules autour des hanches (pirouette), en arrivant près du mur, puis départ au galop.
Il explique que quand le cheval tourne autour des hanches le cheval est sur les hanches (d'où équilibre pour partir au galop). Quand le cheval tourne autour des épaules (pirouette renversée) il est sur les épaules.
C'est le mouvement qui aide le départ au galop.

Le demi-tour autour des hanches libère et allège les épaules. Le poids du cheval sa porte sur l'arrière-main.
C'est un mouvement qui aide considérablement le départ au galop par prise d'équilibre. A main gauche comme sur le dessin, c'est le postérieur gauche qui sert de pivot.

Avant de commencer le travail des départs au galop, il faut que le cheval soit préalablement bien assoupli, bien dans la main et céder aux jambes avec facilité et obéisse facilement aux effets d'ensemble. Ces conditions acquises permettent d' arriver à placer facilement son cheval pour un départ au galop par prise d'équilibre.

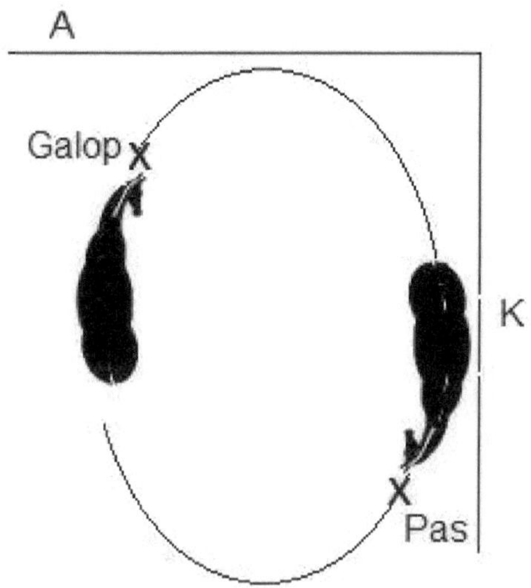


Départ au galop du pas, par prise d'équilibre.

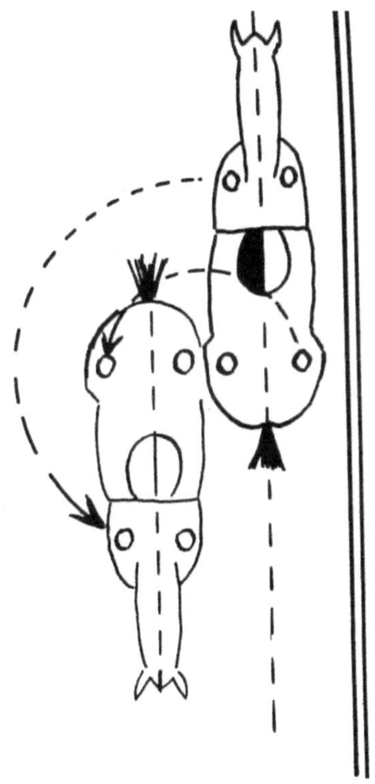

*Demi-tour sur les hanches : le cheval mobilise ses quatre membres.*

## 2 - PAR AIDES DIAGONALES

En utilisant ses aides latérales extérieures, le cavalier n'obtient qu'un départ au galop élémentaire
avec un **cheval plus ou moins traversé**. Il faut, peu à peu, réduire ce traversement
pour arriver à obtenir le départ au galop avec un cheval droit et son maintien.

1) — donner d'abord au cheval
   la **position**
   — rêne droite d'appui
   — poids du corps à gauche
   — jambe isolée gauche

(aides diagonales droites)

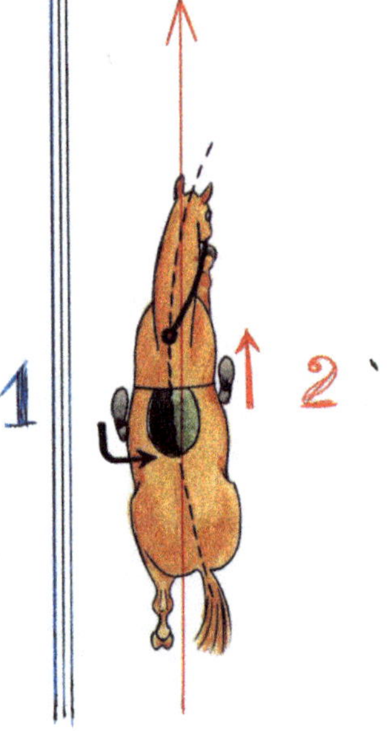


2) déclencher ensuite
   le galop à droite
   par une **action**
   de la jambe droite

Pour un départ au galop à droite, le cavalier préparera son cheval
en utilisant toujours l'aide de la jambe isolée gauche
et l'aide poids du corps à gauche ;
mais au lieu de l'action de rêne gauche
qui attire la tête et les épaules à gauche,
il utilisera la rêne droite contraire ou d'appui,
pour ramener la tête du cheval à droite tout en poussant les épaules à gauche.

Au lieu d'être traversé, même légèrement, le cheval sera incurvé,
tête et hanches à droite, épaules à gauche, donnant ainsi une apparence de rectitude.
L'action des deux jambes — en particulier de la droite —
servira à accroître l'impulsion et à déclencher le départ au galop.

Ce départ peut s'obtenir à partir du pas, du trot, de l'arrêt ou du reculer.
Le cheval prend le galop en restant en équilibre, grâce à l'engagement du postérieur droit.

## 3 - PAR AIDES LATÉRALES INTÉRIEURES
### RÊNE DROITE CONTRAIRE D'OPPOSITION

En utilisant les aides diagonales, le cavalier n'a pas traversé son cheval,
mais l'a incurvé exagérément à droite.

Il faut peu à peu réduire cette incurvation.

Le cavalier préparera son cheval sans utiliser la jambe gauche isolée
qui déplace les hanches à droite,
mais en utilisant la rêne droite contraire d'opposition qui attire la tête à droite,
pousse les épaules à gauche, et, par réaction fait venir les hanches légèrement à droite.

Puis action de la jambe droite pour déclencher le départ au galop.
Le poids du cavalier reste toujours à gauche.

1) — donner d'abord
au cheval
la POSITION

— Rêne droite
contraire
d'opposition

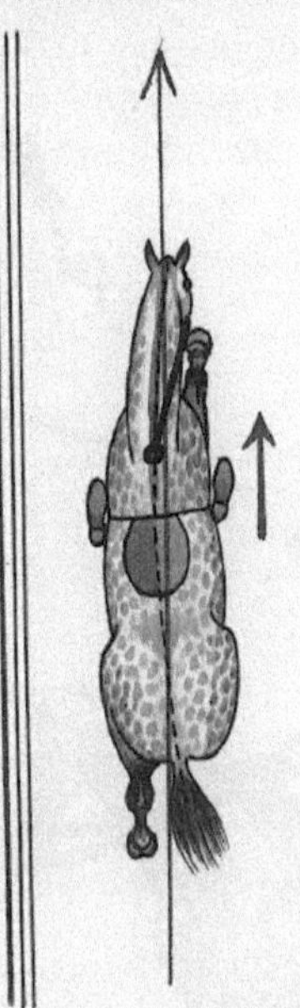

2) — déclencher ensuite
le galop à droite
par ACTION
de la jambe droite

## 4 - PAR AIDES LATÉRALES INTÉRIEURES
### RÊNE DROITE DIRECTE D'OPPOSITION

Lorsque le cheval s'incurve autour de la jambe droite d'impulsion,
il suffit d'un léger demi-arrêt sur la rêne droite et, du poids du corps à gauche,
pour déclencher instantanément avec les deux jambes un départ au galop dans la rectitude.

Par la suite, la jambe droite, seule,
ou la main droite, seule,
suffit pour provoquer le départ au galop.

Alors, si le cheval part ainsi du pas au galop et revient ensuite du galop au pas,
sans la bavure d'une ou de plusieurs foulées intermédiaires de trot,
il est prêt à aborder les changements de pied au galop.

### *REDRESSEMENT DU GALOP*

Pour faire sentir le redressement du galop à un jeune cavalier, on peut le faire travailler en deux temps ; déplacer d'abord les épaules par la rêne extérieure, jusqu'à aligner le latéral intérieur, en tolérant un léger contre-pli, puis, sans abandonner la rêne extérieure, ramener le nez vers l'intérieur en écartant la rêne intérieure sans aucune résistance.Au galop plus encore qu'aux autres allures le cavalier doit pouvoir, à chaque instant, faire une descente de main sur la rêne intérieure sans que l'équilibre du cheval ne s'altère.

Le jeune cavalier cherche souvent à tenir son cheval sur la piste au galop en rapprochant sa rêne intérieure du garrot avec une résistance dirigée vers le postérieur externe, ce qui conforte le traverser du galop naturel. La rêne intérieure doit au contraire rester écartée de l'encolure, le cheval ne donnant qu'un pli de la tête sur l'encolure permettant simplement d'apercevoir le coin de l'œil

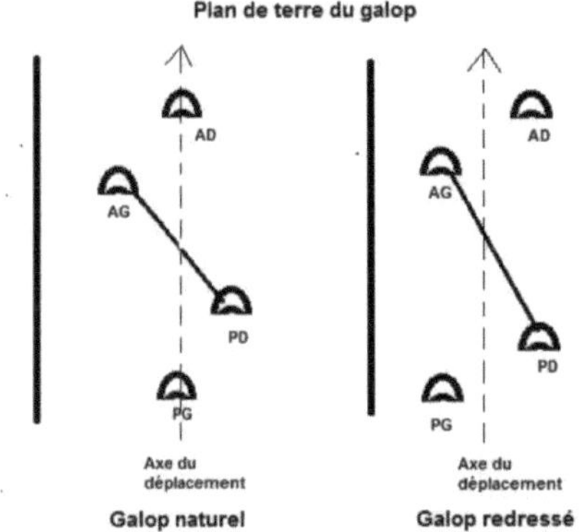


Pour obtenir un effet gymnastique dans le départ au galop du pas, par prise d'équilibre, il faut le demander dans des conditions qui incitent le cheval à prolonger l'abaissement des hanches pendant quelques foulées.

En demandant le départ sur un ovale et vers l'entrée du coin, dans un espace délimité, on empêche le cheval d'ouvrir sa foulée et de reporter du poids vers les épaules. Après avoir galopé quelques foulées, on repasse au pas et on récompense, puis on recommence.

L'exercice doit être exécuté dans un rythme régulier, et son prérequis sera donc le départ au galop du pas dans le calme sur le petit cercle de 12 à 15 m. L'ovale, d'une dizaine de mètres de diamètre au début, peut être progressivement rétréci, en fonction de la musculation du dos/rein et de la croupe.

L'exercice impose une charge importante sur le postérieur du 1$^{er}$ temps, qui doit enlever la masse;  il faut le travailler par des séquences courtes, 5 ou 6 départs, entrecoupés de temps de relaxation.

Je me sers également du départ depuis l'épaule en dedans pour favoriser un bon équilibre sur des chevaux à conformation défavorable, ce qui les aide considérablement. Il est important de ne pas demander plus de quelques foulées afin de rendre au cheval la chose facile et lui donner la sensation du confort dans ce galop plus équilibré que son galop naturel. Si l'exercice est bien fait, cela donne de très bons résultats.

Le cheval doit monter dans le galop et non pas y tomber. Pour envisager le travail au galop, il doit être assez équilibré pour prendre le départ du trot raccourci et le plus vite possible du pas. Toutes les aides qui avancent le latéral intérieur et qui retardent de latéral extérieur peuvent obtenir le départ juste. Le départ au galop est certainement l'exercice dans lequel les aides deviennent le plus vite conventionnelles. La main intérieure légèrement relevée indique le sens du départ. La jambe intérieure à la sangle obtient un départ plus droit et souvent plus calme, mais le jeune cheval comprend en général plus facilement l'action de la jambe extérieure en arrière. L'important comme toujours est la préparation : Créer le galop dans le petit trot ou dans le pas en équilibrant et en activant l'allure inférieure. Pour n'avoir plus qu'un signal à donner. En fin de débourrage le travail au galop est encore simple : recherche de cadence et d'équilibre sur le cercle, raccourcir un peu en serrant une spirale ou allonger un peu en l'élargissant, rechercher l'épaule devant sur la ligne droite et quelques voltes d'une dizaine de mètres.

Pour qu'un cheval se porte de lui-même, en élevant sa base d'encolure et en soutenant son dos, la première chose à faire est d'éviter de lui donner l'occasion de s'équilibrer avec moins d'effort en prenant appui sur la main. C'est le cavalier qui doit faire le premier pas vers la légèreté par la qualité de sa main !

Le cavalier doit être capable de s'équilibrer dans une position centrée sur la ligne de gravité du cheval, il pourra ainsi le laisser se détendre au pas et au trot sur des rênes longues, sur un grand cercle d'abord puis sur la piste. Le cheval, libre de gérer sa propre masse, pourra s'équilibrer de lui-même dans un placer naturel et une cadence régulière, à condition d'être décontracté.

C'est cette décontraction qui fera la différence entre une extension d'encolure utile ou nuisible; le cheval qui s'étend en décontractant sa mâchoire et en arrondissant légèrement sa nuque, sans jamais s'encapuchonner, va commencer à remonter sa base de l'encolure, tandis que celui qui le fait en poussant son nez vers l'avant, en restant figé dans sa mâchoire et en reculant la nuque va affaisser cette base de l'encolure.Une main légère, sur des rênes très longues, n'est donc pas une main inactive, par ses vibrations elle sollicite déjà la décontraction de mâchoire

Si le cheval risque d'être trop chaud ou trop joyeux, il vaudra mieux le détendre d'abord à la longe plutôt que de s'agripper à sa bouche pendant un quart d'heure sous prétexte de « le tenir » avant de commencer à le monter correctement !

Dès que le travail commence, la main n'interviendra que si le cheval change de cadence ou de direction ; de manière discrète et surtout très brève pour ne pas laisser au cheval le temps de réagir par un appui en sens contraire de sa résistance. C'est la descente de main qui donne à l'action qui la précède toute son efficacité.

Le fil conducteur doit être dans l'ordre : décontracter – céder – amplifier la foulée.

La jambe du dehors reculée tient ou dévie les hanches vers le dedans.

Cette action doit être discrète, brève et coordonnée au lever du postérieur correspondant, et suivie le plus souvent possible d'une descente de jambe.Elle ne doit pas se faire par une fermeture de l'angle du genou, ce qui aurait pour effet de relever inutilement le talon, mais par une rotation de la cuisse autour de l'articulation de la hanche, permettant une pression plus perpendiculaire aux côtés du cheval.Une faute très fréquente est le manque d'indépendance qui amène la jambe du dedans à reculer plus ou moins en même temps que l'autre, ce qui induit bien entendu l'incompréhension du cheval.

Cette allure est asymétrique et naturellement diagonalisée.

Le cheval au galop à droite va se propulser principalement par le postérieur gauche, basculer sur le diagonal gauche, tomber sur l'antérieur droit et se rattraper pendant le temps de suspension. L'axe naturel du mouvement est la diagonale postérieur gauche/antérieur droit ".

« Redresser un cheval au pas et au trot se résume à rétablir la symétrie normale des allures. Ce mécanisme est tellement économique, en matière de dépense énergétique, que le cheval va répugner à l'abandonner, et que même dressé, il y reviendra toujours si le cavalier ne le sollicite pas autrement. Alors, on pourrait se demander pourquoi redresser le galop, parce qu'un axe de déplacement diagonalisé ne se prête pas aux allures rassemblées ! » (Luc Pirick).

Il faut considérer les exercices comme des moyens et non des buts. L'épaule en avant est un exercice qui prépare l'épaule en dedans, avec un léger pli intérieur et un déplacement d es épaules t rès l égèrement à l'intérieur.

L'épaule en avant  ou placé droit nécessite une distinction par rapport à l'épaule en dedans. Cette position vise à redresser l'allure d'un cheval ayant tendance à se diagonaliser, en particulier au galop. Par exemple, au galop à droite, le P.G. doit être aligné de manière précise avec l'A.D. et inversement au galop à gauche.Le but de l'exercice est donc, dans un manège, d'aligner le latéral interne : postérieur/antérieur. Le latéral externe ne pouvant être géométriquement aligné du fait que les épaules sont plus étroites que les hanches.

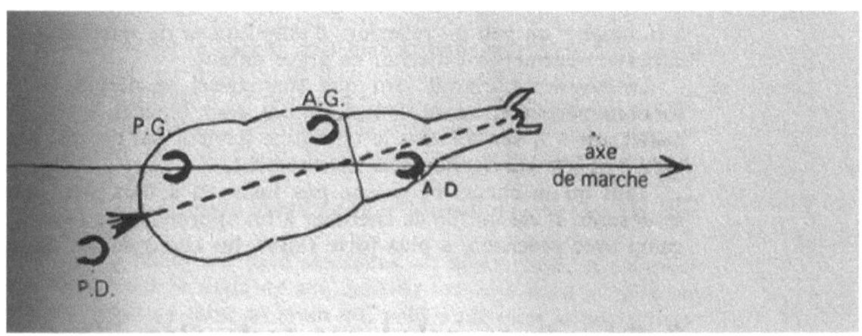


## CHANGEMENT DE PIED EN L'AIR
D'après Nuno Oliveira
Les procédés

Parmi les nombreuses façons de demander le changement de pied, Aujourd'hui, j'ai choisi celle de Nuno Oliveira parce que c'est une méthode, un assemblage de procédés bien organisés, qui permettent le changement de pied sur la ligne droite, dont on peut deviner l'utilité pour la suite.

" Il y a différentes façons de demander le changement de pied. Il faut surtout qu'au moment de la demande, le cheval soit préparé à le donner avec des aides légères, afin qu'il reste calme après le changement de pied. J'ai trop souvent vu le cas du cheval prêt à donner son premier changement de pied, mais dont le cavalier utilise des aides trop fortes: le cheval s'en souvient pendant des mois, reste surexcité chaque fois qu'il sent qu'on va le lui demander. Certains s'énervent même en passant à l'endroit de la première demande, craignant une nouvelle sollicitation par des aides, dures.
Habituellement, je procède comme suit. Après avoir bien arrondi le galop par les exercices appropriés tels qu'appuyers, arrêts, reculers, je me mets sur un grand cercle à l'une des extrémités du manège. Mon galop restant léger, je prends le grand côté avec le souci d'avoir le cheval bien cadencé et, surtout, très droit. À l'autre bout du manège, je passe au pas. Je mets mon cheval sur un grand cercle en gardant bien la cadence, la légèreté et l'impulsion. Je prends le grand côté et demande de nombreuses transitions du pas au galop à faux et du galop à faux au pas. À la fin du grand côté, je passe le premier coin à faux et demande un grand cercle. Je mets de nouveau au pas sur le cercle et, au début de l'autre grand côté, quatre ou cinq mètres après le coin, je demande un départ à faux.

Je laisse faire quatre ou cinq foulées dans ce galop, je passe au pas et je reviens au même endroit plusieurs fois pour lui demander un nouveau départ à faux. Quand je sens mon cheval réceptif, rond, je me mets en cercle au galop juste au fond du manège. Avant l'endroit où j'avais demandé les départs à faux, je rentre bien dans le coin (très important), je mets mon épaule intérieure légèrement en arrière, et, à l'endroit du départ à faux, je serre les doigts sans tirer puis, une fraction de seconde après, je lui donne une touche très légère, ultra-rapide (touche électrique) avec ma jambe du côté où l'épaule était plus en arrière. Si la préparation a été faite avec toute la progression voulue, le cheval aura donné son premier changement de pied en l'air."
J'ai ajouté un petit mémo que j'utilise moi-même, j'espère qu'il n'est pas trop abstaits.
Il faut bien se référer aux numéros indiqués selon une suite logique

L'arrêter tout de suite par abandon après avoir fait très peu de foulées et le caresser. Après avoir récompensé un moment sur des rênes libres, revenir à la même extrémité du manège, le remettre au galop juste et passer calmement l'endroit de ce premier changement de pied.
Même soin et même préparation pour l'autre pied et après avoir récompensé, mettre pied à terre et rentrer à l'écurie. Le lendemain, à la fin de la leçon, si le cheval est calme, attentif et réceptif, répéter les deux changements de pied, mais pas au même endroit. Se contenter pendant quelques jours de demander seulement ces deux changements de pied, de juste à faux, en variant à chaque leçon l'endroit de la demande. Au fur et à mesure que le cheval les donne plus facilement, faire les demandes un peu plus loin du coin.
Progressivement, demander quatre changements par leçon, puis six. Ensuite, en demander deux, par exemple au milieu, sans préparation préalable. Récompenser, assouplir un peu au pas et demander les deux changements suivants avec une préparation entre les deux: quand le cheval sera capable de garder tout son calme, avant, pendant et après la demande du changement de pied de juste à faux, c'est le moment de les demander de faux à juste

Mémo pour le changement de pied au galop d'après N. Oliveira

Préalables : Calme, calme, calme... galop rassemblé, aides légères, assouplissements (C.E.D. Appuyers, au reculers...)

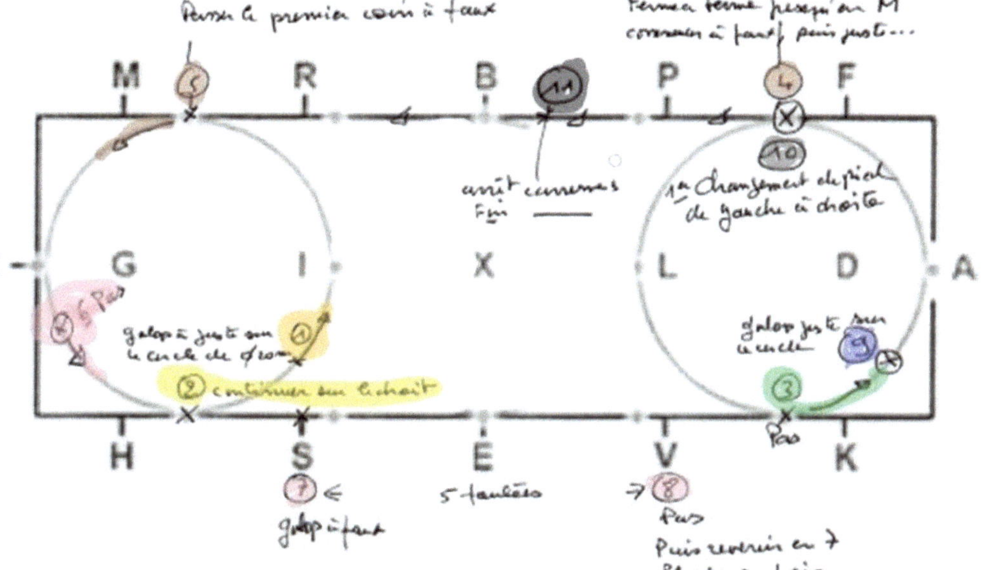


Le changement de pied au galop n'est pas toujours une chose aisée avec certains chevaux. Ce procédé que l'on doit à Nuno Oliveira peut sembler complexe à première vue. C'est pourquoi il faut aller du simple au complexe, et bien suivre les étapes. Sinon c'est du chinois.

1. Départ au galop à juste sur le cercle entre H et I.
2. Continuer sur le droit ligne H/K.
3. Passer au pas un peu avant K.
4. Après F: ferme à ferme (galop/pas).
5. Passer le premier cercle à faux.
6. Après C, passer au pas.
7. Galop à faux de S à V (revenir en 7 plusieurs fois).
8. En V, passer au pas.
9. Après K galop à juste à gauche jusqu'en F
10. Entre F et P changement de pied.
11. En B arrêt, caresses.

Ouvrages à consulter : Jousseaume, Wattel, Decarpentry, Beudant, Chiris

En équitation, le **reculer** est un mouvement vers l'arrière par foulées diagonales, sur deux temps sans suspension, symétrique. Le cheval se déplace par bipèdes diagonaux, mais c'est un pas, par le fait qu'il n'y a pas de temps de projection. C'est un mouvement fort prisé des écuyers, pour de multiples raisons, mais qui n'est pas dénué d'écueils.

**Jousseaume :**

Il débute le reculer dès que le cheval obéit à l'action des deux jambes afin d'éviter toute rétivité.

Procéder de la manière suivante :

1. Position du « ramener » comme pour tout mouvement ; le cheval est alors prêt à écouter son cavalier.
2. Légère action de jambes comme pour porter le cheval en avant (autrement dit : « mise en main »), mais au lieu de laisser s'échapper cette impulsion vers l'avant, s'en emparer en résistant de la main et en même temps « descente des jambes ».
3. Dès que le reculer est amorcé, les mains doivent agir alternativement, chaque main agissant au moment où l'antérieur du même côté se lève pour se porter en arrière ( se baser sur le mouvement de l'épaule).
4. Jambes près pour surveiller la direction du reculer et formant, pour ainsi dire, un couloir dans lequel doit se déplacer le cheval.

Si le cheval ne recule pas droit , il faut replacer les épaules devant les hanches, et non le contraire.

Après quelques pas (ne pas insister) reporter le cheval en avant par une action simultanée des jambes.

Avec les chevaux offrant de trop grandes difficultés, on peut commencer le reculer pied à terre en se plaçant devant lui, en faisant une pression de haut en bas sur le filet et une traction d'avant en arrière. Se contenter d'un pas et caresser. NB :On verra que dans le travail à pied il existe d'autres méthodes. Il faut choisir celle qui fonctionne le mieux a un moment donné.

**Beudant :**

Le principe de main sans jambes s'applique très bien au reculer.

D'habitude on apprend à reculer de la manière suivante : on commence par porter le cheval en avant au moyen des jambes, puis on ferme la porte en résistant avec les mains, le cheval recule.

Cependant, on peut très bien reculer avec le juste emploi de la main.

C'est Beudant qui nous apprend comment faire : « quand l'élève (le cheval) se porte bien en avant avec légèreté, on lui apprend à marcher en arrière. Toujours le même procédé :  demander la légèreté, puis élever la main pour faire reculer sans faire agir les jambes. Un pas obtenu, baisser la main, fermer les jambes pour arrêter et se porter en avant ».

C'est la translation de poids vers l'arrière qui provoque le reculer. Avec ce procédé on évite le principal écueil qui est l'acculement.

On peut commencer l'exercice à pied : se mettre face au cheval et lui élever la tête gentiment, jusqu'à ce qu'il recule, un pas à la fois. En se souvenant de la formule de Faverot de Kerbrecht : « demander souvent, se contenter de peu et récompenser beaucoup ».

Le cheval doit aussi reculer droit. Si l'inflexion naturelle du cheval fait qu'il est concave à gauche, à main droite le cheval reculera sensiblement droit. Le pare botte empêchera les hanches de chasser à gauche. Par contre, à main gauche, les hanches auront tendance à se porter à l'intérieur du manège. Comme toujours il faut redresser le cheval en mettant les épaules devant les hanches et non le contraire.

À la longue, il faut pouvoir reculer droit sur la ligne du milieu. Le reculer permet d'assouplir et de fortifier la région du rein et des lombes.

**Wattel:**

Tout comme Baucher, le général Wattel affectionnait le reculer. « Le reculer est un puissant moyen de dressage, généralement inconnu, négligé ou mal exploité. Je m'en suis servi beaucoup, au cours de mes très nombreux dressages, toujours avec succès.

Il faut que le cheval recule d'aplomb.

Il ne faut pas que le cheval baisse l'encolure et se pousse en arrière avec les membres antérieurs, ni qu'il lève l'encolure et la tête, baisse l'arrière-main et s'accule sur des jarrets exagérément pliés.

Soutenir les poignets, c'est-à-dire les élever légèrement et non les porter en arrière en mettant les coudes en arrière du corps. D'ailleurs, les coudes en arrière du corps sont toujours à proscrire.

Faire toujours débuter le reculer d'un mouvement en avant, un pas ou deux, et transformer ce mouvement en avant en mouvement en arrière, sous l'action de la main.

Petit à petit, le cheval arrive à marcher en arrière, comme il marche en avant. Le cavalier fait alterner le sens du mouvement par l'action des poignets.

En marchant, le cheval doit se reporter en avant, dès que le cavalier baisse ses poignets (ne les soutient plus) sans que les jambes aient à augmenter leur action. Le cheval doit alterner en avant en arrière comme un piston bien graissé, sans qu'il y ait interruption ou hésitation entre les deux mouvements.

**Le reculer :**
a) Calme

Les chevaux chauds... fâchés... irrités... en désordre

b) Équilibre

L'habitude que prend le cheval et la facilité avec laquelle il place son centre de gravité, d'une façon pour aller en avant, d'une autre pour marcher en arrière, tendent à l'équilibrer sous le cavalier. Plus de chevaux avec tout leur poids, soit sur les épaules (cheval qui tire), soit sur les hanches ou les jarrets (cheval acculé).

c) Tend à augmenter l'impulsion

Ce n'est pas un paradoxe. Je ne parle ici que de l'impulsion communiquée par les actions de jambes du cavalier et non de l'impulsion naturelle qui quelquefois est une défense (cheval qui se sauve en avant).
Si dès que le cavalier baisse les poignets, le cheval part en avant sans hésitation, c'est une leçon d'impulsion. Au bout d'un certain temps de cet exercice, il semble que le cheval attend toujours le moment où le cavalier baissera la main.
Quand on veut encore fignoler l'impulsion, on peut au moment où la main se baisse, augmenter l'action des jambes, le cheval doit être habitué dans ce cas à augmenter la vitesse de son départ en avant, départ au trot, même au galop. On arrive ainsi à avoir des chevaux plus sensibles à l'action des jambes.

d) Prépare le rassembler, base de l'équitation savante

Le reculer fait jouer les articulations qui seront nécessaires pour le rassembler (surtout la coxo-fémorale). Je dirai même que la pratique du reculer et de la « descente de main »amène un rassembler élémentaire très suffisant pour Ja pratique d'une équitation même assez avancée.

Pour conclure voici les principaux défauts que l'on rencontre dans le reculer :

1. Le cheval se traverse.
2. Le cheval s'accule ou précipite.
3. Le cheval se creuse et lève la tête.
4. Le cheval s'enferme et s'encapuchonne.
5. Le cheval dissocie ses diagonaux et devient irrégulier.
6. Le cheval perd l'impulsion.

Fig. 8-9. — *Le reculer spontané en liberté.*

Fig. 8-10. — *Reculer correct du cheval monté.*

Fig. 8-11. — *Mauvais reculer du cheval monté.*

## I. PRINCIPAUX ÉVÉNEMENTS MÉCANIQUES DU RECULER

Du côté gauche le m. ilios-psoas est en contraction concentrique maximale ; c'est lui qui a provoqué la flexion lombo-sacrale. Son action est relayée par les muscles de l'avant-main, ici en été d'élongation, qui vont tirer l'encolure vers l'arrière. O.T. : m. omo-transversaire ; B.C. : m. brachio-céphalique ; P.D. : m. pectoral descendant ; I.P. : m. ilio-psoas ; L.S. : flexion lombo-sacrale.

d'après le pr JM Denoix

Au début, les arrêts sont demandés d'une façon plus ou moins progressive avec plusieurs foulées d'allures intermédiaires. On le ralentit avec des oh ! oh ! et on l'arrête avec des holàs !

Dès que le cheval est dressé à l'effet d'ensemble, les arrêts doivent s'effectuer sans passer par une allure intermédiaire. Manière de les demander :
1. Ralentir l'allure en conservant l'activité des postérieurs.
2. Effet d'ensemble.
3. Sur l'effet d'ensemble, action des deux mains pour demander l'arrêt.
4. Dès que le cheval est immobile, descente de mains et de jambes.

Au galop , il faut ralentir l'allure afin qu'elle soit voisine de celle du pas pour obtenir un excellent arrêt, non brutal, suivi de l'immobilité complète.
Et puis… au fil du dressage, on se rend compte qu'un bel arrêt est un exercice difficile, qu'il faut développer et entretenir.
Les principaux défauts sont :

1. Le cheval se traverse en s'arrêtant.
2. Le cheval s'arrête sur les épaules.
3. L'immobilité n'est pas totale, le cheval s'agite
4. Le cheval s'arrête campé et ouvert.
5. Le cheval s'accule et s'encapuchonne.

Il faut s'assurer que les postérieurs sont sur la même ligne. Si un postérieur reste en arrière, le ramener par un frémissement de mollet du même côté.
Dès que le cheval se compose un peu au rassembler, il faut choisir une tension des rênes qui soit douce, puis arrêt, pas,arrêt, reculer, pas, extension d'encolure, repos.

## COLONEL  LESAGE

Ecuyer en chef à l'Ecole de Cavalerie de Saumur
de 1936 à 1939. Vainqueur de l'épreuve de dressage
des Jeux Olympiques de Los Angelès en 1932.

# EXTÉRIEUR ET TERRAIN VARIÉ

Le but du dressage du cheval de selle est d' obtenir un cheval agréable à monter en tout lieu. Il est devenu docile, facile et confiant en son cavalier. Pour autant il ne faut pas en faire un animal résigné, car la résignation ne dissout pas les résistances psychiques du cheval.

Ce doit être un excellent cheval d'extérieur, accoutumé à tout ce qu'il peut rencontrer dans la nature, son terrain de prédilection.

Éventuellement on peut le sortir avec un cheval « maître d'école » qui correspond à son tempérament.

Les assouplissements dont il a été question dans ce guide, la légèreté de la mâchoire et des hanches, l'élévation de l'encolure, autant de procédés qui rende le cheval moins brutal, moins contracté.

Le travail en terrain varié va non seulement l'habituer sortir du manège, mais va contribuer à consolider sa structure.

Le travail du pas dans les pentes est une excellente gymnastique pour engager l'arrière-main, la fortifier, la muscler. Le travail au pas dans les descentes rapides avec arrêts fréquents oblige le cheval à engager son arrière-main et développe ses abdominaux.

Le trot très ralenti est un excellent moyen d'instruction. Le galop de chasse donnera du tonus et du souffle.

Ainsi le terrain varié rend le cheval gai, adroit et équilibré.

Rien n'est plus triste qu'un cheval qui ne connaît que le manège, le camion et la carrière.

# TERRAIN VARIÉ

dessins de Yves Benoist. Gironière

# Procédé N° 14 LE TRAVAIL A LA LONGE

L'utilité du travail à la longe n'est plus à démontrer, et tous les chevaux de selle devraient recevoir ce dressage, car il est important pour un cavalier, d'avoir le travail à la longe à sa disposition dans de nombreux cas :
- Pour pouvoir dominer et exercer un jeune cheval sans le poids du cavalier.
- Pour donner un travail de santé à un cheval qui, pour une raison quelconque, ne peut être ni monté, ni attelé.
- Pour détendre un cheval chaud et difficile pendant quelques minutes avant le travail monté.
-Comme exercice d'assouplissement et pour le dressage à l'obstacle.
Ce dressage élémentaire sera suffisant pour permettre d'aborder les leçons de la selle et du montoir, lorsque le cheval marchera librement et calmement aux trois allures sur le cercle, la longe légèrement tentue, mais sans aucune tendance à tirer ou à s'éloigner du centre ; de plus, il doit se porter en avant, s'arrêter dès que l'instructeur lui en donne l'indication. Il est bon qu'il tourne facilement au gré de l'instructeur, sur des cercles de diamètres différents.
Avec le travail à la longe, on jettera les premières bases du langage équestre en associant dès le début, la voix, l'appel de langue, et la chambrière, et c'est par l'action combinée de ces divers moyens, que, rapidement, on mettra le cheval sous sa domination. Ce résultat ne pourra être acquis que si l'instructeur procède de manière correcte et surtout en évitant d'effrayer l'animal.

LA VOIX sera employée de la manière suivante :
    -Appels de langue pour porter le cheval en avant.
    - Oh ! Oh ! Oh ! Pour ralentir l'allure (ton doux comme si on prononçait Oho en laissant tomber la voix sur la deuxième syllabe.
- Hola ! Pour arrêter ( ton plus ferme en prolongeant un peu la première syllabe Oh, et en laissant tomber la voix sur la deuxième syllabe « la »).
LA LONGE servira à donner des indications ou à rappeler à l'ordre :
    - des oscillations horizontales serviront à éloigner le cheval du centre du cercle.
- des oscillations verticales serviront pour indiquer de ralentir. Ou de s'arrêter si la voix ne suffit pas.

LA CHAMBRIÈRE devra être maniée avec beaucoup d'habileté. En particulier, éviter de faire claquer la mèche, et avoir soin de tenir la chambrière par le gros bout sortant du côté du pouce, l'autre extrémité reposant sur le sol et un peu en arrière du cavalier. Ainsi tenue, le cheval ne la voit pas et ne peut s'effrayer.
    Pour s'en servir, la lever horizontalement et la diriger vers le cheval en rapprochant le pouce du corps et en écartant le coude. Ce simple mouvement accompagné de l'appel de langue suffira presque toujours pour porter le cheval en avant. Quand on voudra s'en servir plus énergiquement,on la tiendra avec le gros bout sortant du côté du petit doigt et la mèche de la chambrière devra atteindre le cheval un peu a u-dessus d u j arret.

Si au début on utilise un caveçon, il faut s'assurer qu'il est bien ajusté, assez haut pour ne pas gêner la respiration, et la muserolle ajustée de façon à ce qu'il ne tourne pas et blesser l'oeil du cheval avec les montants.

La place du cavalier a une grande importance, et au début il doit se déplacer lui-même sur un petit cercle. Quand le cheval est en mouvement, il doit marcher à hauteur et en direction de sa croupe ; au contraire quand il veut l'arrêter, il se porte à hauteur de son épaule.

Au début, pour être maître du cheval, il est important de le travailler au pas de petit diamètre : 3,50m à 4 m (se méfier alors des coups de pied avec des chevaux difficiles). Si le cheval veut envoyer une ruade en direction du dresseur, opposer l'avant-main à l'arrière-main en exerçant une traction sur la longe.

Lorsque l'animal exécute correctement le travail au pas le mettre au trot en stimulant plus énergiquement. Le diamètre du cercle sera ensuite augmenté, mais le travail au galop ne doit être entrepris que si le cheval est parfaitement calme au pas et au trot.

Pour débuter le travail au galop, mettre le cheval sur un cercle de 10 m de diamètre environ, pour lui permettre de galoper sans difficulté. Lorsque le cheval galope avec aisance sur ces cercles, en diminuer progressivement le diamètre sans qu'il y ait ralentissement de l'allure, afin que cet exercice soit réellement pour le cheval un effort dans l'assouplissement.

A l'arrêt, le cheval doit rester bien droit sur le cercle, et le cavalier doit le récompenser en le caressant sur la croupe, mais en ayant soin de marcher d'abord en direction de l'épaule. Il est préférable de le caresser sur la croupe pltôt que l'épaule, afin que le cheval n'ait pas la tentation de suivre le dresseur lorsque celui-ci rejoindra sa place.

Le travail élémentaire à la longe consiste donc à avoir un cheval obéissant et calme aux trois allures, se portant franchement en avant à l'indication de la voix, et passant sans difficulté d'une allure à une autre. Ce dressage élémentaire est nécessaire et suffisant pour la plupart des chevaux de selle ; cependant, il est bon de pousser plus loin cette éducation  et on pourra, par la suite, apprendre au cheval à venir vers le cavalier à l'indication de la voix « Viens » accompagné d'une légère traction de longe, puis profiter de cet exercice pour demander le « changer de main » entre le cercle et l'instructeur ; celui-ci doit alors échanger en temps voulu longe et chambrière. Après avoir demander le « Viens » avec la longe , on demande le changer de main avec la chambrière, en l'élevant un peu haut et du côté opposé au tourner, et si cela n'est pas suffisant, en frappant légèrement l'encolure ou l'épaule.

Avec certains chevaux difficiles  le caveçon peut se révéler insuffisant ; dans ce cas il existe un enrênement que je préconise, et avec lequel on dominera rapidement tous les chevaux présentant quelques difficultés. Le caveçon est alors remplacé par un bridon sans rêne. La longe passe dans l'anneau intérieur, ensuite sur l'encolure, et l'extrémité de la longe est fixée sur l'anneau extérieur du filet. Le point fixe da la longe sur la partie supérieure de l'encolure est placé d'autant plus loin de la nuque que le cheval est plus difficile.

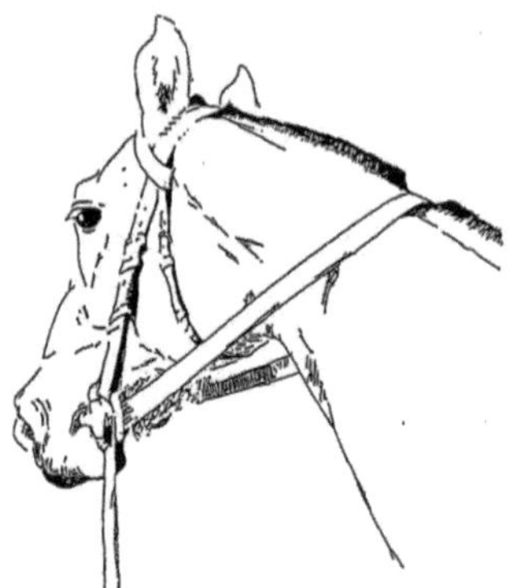

*Enrênement spécial pour la longe*

## Les rênes fixes

Elles se placent entre les membres antérieurs ou latéralement à la hauteur des mollets du cavalier sur les côtés du surfaix.

Dans le travail à la longe, l'élastique extérieur doit être plus long.

Elles sont souvent utilisées en voltige pour
stabiliser la tête et l'encolure.

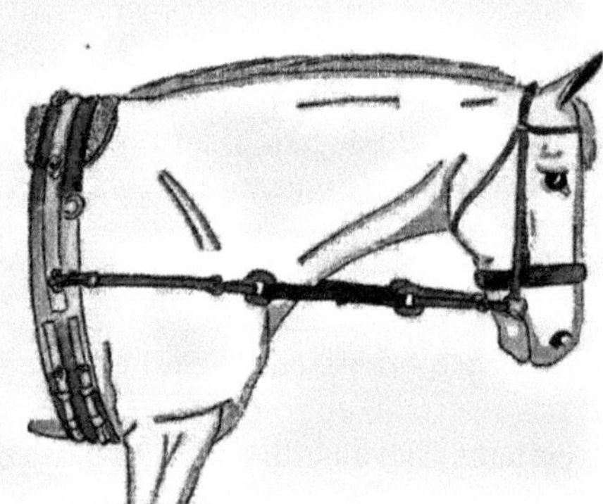

## DISPOSITION DE LA LONGE

### Travail à main gauche

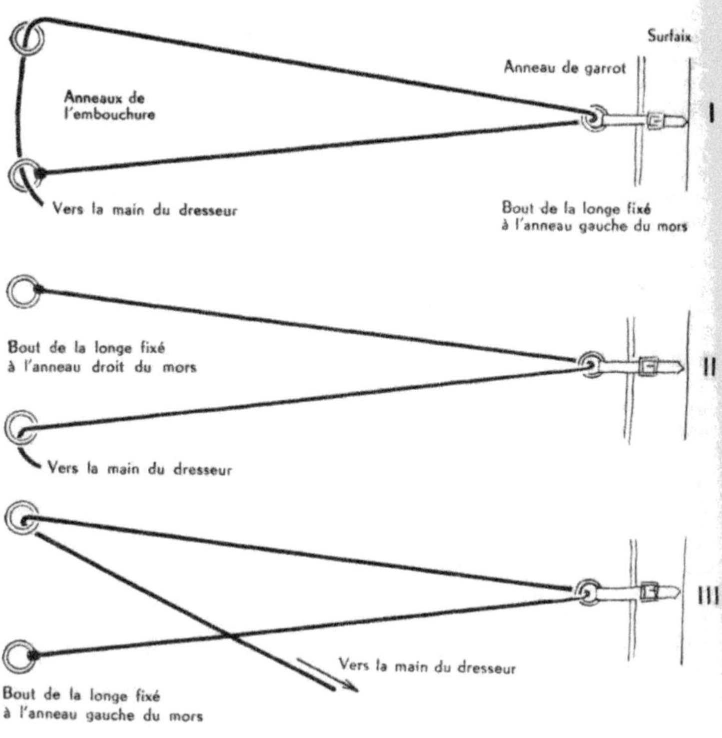


I. Enrênement par la longe (main gauche, vu d'au-dessus). — La longe va de la main du dresseur, à travers l'anneau gauche du mors, puis derrière la barbe à travers l'anneau droit, est dirigée contre la face droite de l'encolure jusqu'à l'anneau du garrot, le traverse, et va le long de la face gauche de l'encolure jusqu'à l'anneau gauche du mors, où elle est bouclée.

II. La longe va de la main du dresseur à l'anneau gauche du mors, le traverse, suit le côté gauche de l'encolure jusqu'à l'anneau du garrot qu'elle traverse, et rejoint en suivant le côté droit de l'encolure l'anneau du mors, où elle est bouclée.

III. La longe va de la main du dresseur derrière la barbe à l'anneau droit du mors, le traverse de dedans en dehors, rejoint le long du côté droit de l'encolure l'anneau du garrot qu'elle traverse, et revient le long du côté gauche de l'encolure à l'anneau gauche du mors, où elle est bouclée.

**REPRISE FIN DE 3ème PERIODE**

**1)  Effet d'ensemble**

   À l'arrêt, au pas et au trot

**2) Travail de deux pistes**
   Contre changement de main au pas et au trot

**3) Épaule en dedans**

   Au pas et au trot

**4) Pirouettes**

   Demi pirouette renversée

   Demi pirouette en réduisant le cercle

**5) Galop**

   Départ au galop par prise d'équilibre à partir du pas sur le droit
   Galop ralenti sur le droit et sur le cercle

**6) Variations d'allures.**
   Pas ralenti, pas allongé
   Trot ralenti trot allongé
   Reculer
**7) la leçon de Nuno Oliveira**

Sur ce que l'on pourrait nommer : « LA BASSE ÉCOLE », à tort, parce que si c'est bien fait, c'est aussi de la haute école. Ce sont les fondamentaux : s'équilibrer, avancer, tourner,  arrêter, reculer. La Basse École se caractérise par un équilibre horizontal, une juste répartition du poids entre l'avant-main et l'arrière-main du cheval. Elle recherche la parfaite régularité des trois allures à toutes les cadences et dans toute la gamme des variations d'amplitude. Le cheval est sur la main. Il se porte franchement vers l'avant, Des bases nécessaires pour partir en balade avec le maximum de sérénité. J'ai cité le comte de Lubersac qui dressait ses chevaux au pas pendant deux ans. Ce n'est bien sûr qu'un symbole qu'il ne faut pas prendre au pied de la lettre. Mais il serait vain d'entreprendre des exercices au trot et au galop s'ils ne sont confirmés au pas qui comme chacun le sait est la mère des allures.
J'ai pris l'habitude d'organiser mes séances selon les procédés suivants, en m'efforçant d'aller du simple au complexe.

La leçon du montoir.
Les flexions (latérales et directes).
Le passage des coins.
Les effets de rênes simples.
Le travail de deux pistes. (mobilisation des hanches et des épaules).
Les appuyers (renvers, travers, diagonales).
Le travail de la ligne du dessus
L'épaule en dedans (précédée de la contre épaule en avant et en dedans)
L'effet d'ensemble (arrêt, pas et trot).
Le travail au galop (à juste, à faux, départs par prise d'équilibre).
L'arrêt
Le reculer
Les variations d'allures (inter et intra)
Extérieur et terrains variés
Le travail à la longe

Ces procédés vous aideront, je l'espère, à construire vos séances, surtout à les organiser dans une suite logique et progressive.
Parmi tous les concepts qui concernent l'équitation, **le RASSEMBLER** a fait l'objet de nombreuses descriptions parmi les écuyers écrivains.

Ce n'est pas, en soi, un procédé, mais plutôt la résultante de l'application des principes et des procédés qui y conduise.

Le colonel André Jousseaume en donne une définition très laconique, mais tellement

juste qu'il paraît simple d'y parvenir :
**« c'est la mise en main avec l'engagement des postérieurs ».**

Si la mise en main est à la portée de beaucoup de cavaliers, le rassembler, par contre ne peut être obtenu que par des écuyers ayant un TACT particulièrement affiné.
Le résultat du rassembler c'est l'équilibre parfait qui conduit au piaffer.

L'effet d'ensemble en est le corollaire, mais son objet semble différent, puisqu'il conduit à calmer et cadencer un cheval, avec une action des jambes continue et près de la sangle, alors que dans le rassembler elle est alternative et en arrière de la sangle.
Cependant Nuno Oliveira écrira : «   pour qui connaît l'effet d'ensemble, le piaffer n'a plus de secret ».
Les anciens, notamment ceux de l'école de Versailles recherchait un rassembler plus assis que celui qui convient aux épreuves de « dressage » modernes, car l'équilibre doit pouvoir être modifié au point  d'être presque horizontal pour permettre le changement de pied rapproché au galop. Pour cela les anciens utilisaient les piliers encore en vigueur à Vienne.
Si l'on observe la photo du Gl Decarpentry on constate qu'un équilibre vertical peut convenir au piaffer et au passage.

## LES FONDAMENTAUX

C'est souvent, et quel que soit l'exercice ou l'air entrepris, la combinaison entre L'ÉQUILIBRE ET L'IMPULSION. On le constate notamment dans le changement de pied au galop.
L'impulsion, comme le disait François Baucher ne doit pas nuire à l'équilibre et vice versa.

**L'objectif de l'équitation est d'aller vers le RASSEMBLER.** Peu importe la discipline. Naturellement le degré de rassembler n'est pas le même sur un obstacle de 0.80 m comparé à un obstacle de 1.50 m ; entre un départ au galop par prise d'équilibre et un piaffer, et ainsi de suite.

Le contact débute la mise en main. Mais pour que la main aille vers le mors, il faut que le cheval accepte la main. Si le cheval pousse, résiste contre la main  ou lâche la main, impossible d'aller bien car les résistances prennent sur l'équilibre et l'impulsion.

Les notions d'impulsion et d'équilibre vont toujours de pair. La décontraction de la mâchoire et de la nuque au moyen des flexions de Baucher, concourent à la mise en main, mais vite obtenues dans le mouvement en avant, car comme le disait le Gl L'hotte : «  sans impulsion, pas d'équitation ».

Dans ce contexte, il ne faut pas oublier de permettre au cheval de desserrer les dents.

Il faut donc mettre du jeu dans la muserolle et bannir le « noseband ».

L'un des principaux obstacle est la raideur. C'est pourquoi il faut pratiquer les assouplissements dont l'épaule en dedans est l'un des pivots. « Dresser c'est assouplir » disait le colonel de La doucette qui entraîna Corlandus et Margit Otto-Crepin auxquels il prodigua ses conseils experts avec tant de succès qu'ils verront leur carrière couronnée par un titre de champions d'Europe en 1987 et de vice-champions olympiques e n 1 988.

**Sur le concept de convergence.**

Je répondais récemment à propos de l'échelle de progression FEI-FFE, etc. que si en équitation tout était dans tout et réciproquement il fallait considérer que les items convergeaient de concert vers un même but et non pas de façon pyramidale telle la pyramide de Maslow. La légèreté ( même si elle est une résultante) se situait au début comme à la fin de l' éducation d'un cheval. Idem pour le rassembler, quand bien même il contient 5 degrés, doit être présent dès le premier jour du « dressage » pour employer un mot qui est passé de mode. Et il en va ainsi pour tout le reste des principes équestres.

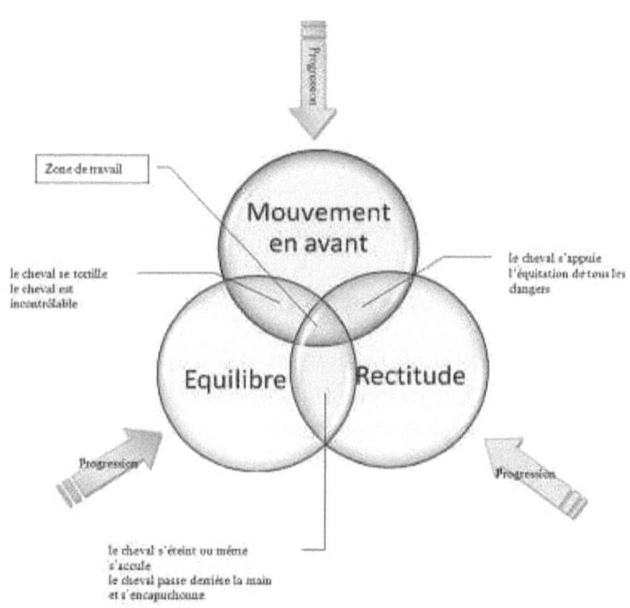

# ANNEXES
## La position du cavalier

La position concerne plutôt l'attitude statique qui ne prend pas en compte le mouvement qui lui, modifie les rouages de la mécanique équestre.
Pour une bonne assise, la jambe et la cuisse doivent être descendues, ce qui créé une composante utile pour annuler la réaction e xpulsive.

Lorsque le cavalier se trouve en position debout, la ligne de gravité traverse l'articulation coxo- fémorale. Le plan vertical des ischions se situe sensiblement en arrière de celui des articulations coxo- fémorales. Cela explique que, dans la position assise, le centre de gravité se projette en avant des points d'appui du buste, entraînant une sollicitation du buste vers l'avant. Ce mouvement peut provoquer un déséquilibre et accroitre la charge sur les épaules du cheval.

D'où la nécessité de rechercher une bonne position :

1. D'aplomb dans sa selle.
2. Rein souple absorbant les réactions verticales.
3. Les cuisses descendues
4. Le bas de jambe vertical pour le trot enlevé.
5. Les bras et les mains indépendants des mouvements du corps.

Dans le cas contraire :
1. défaut d'équilibre et bascule vers l'avant.
2. Le rein n'amortit pas les réaction tant en antéversion qu'en rétroversion.
3. Les genoux remontent, les cuisses avec.
4. Gestes désordonnés et brusques des bras et des mains.

**POSTURE ET POSITION**

Le croquis joint représente la position d'un cavalier. L'angle x et x' sont égaux mais très variables ; mais on peut dire, d'une façon générale que la solidité des cavaliers se mesure à la réduction de cet angle ; il dépasse 50° chez les novices contre 20° chez les confirmés. Cependant, il ne faut pas que l'angle soit de O°, comme à une époque lointaine. Dans ce cas aucune articulation ne pourrait « jouer ». Il y a donc un juste milieu à trouver. Il se situe autour de 30°.

Au trot enlevé il faut se souvenir que c'est le bassin qui oriente le haut du corps et



90

non l'inverse.
Il faut suffisamment d'angle, mais pas trop pour que les trois articulations puissent fonctionner (cheville, genoux, coxofémorale). Rythme et équilibre vont de pair.

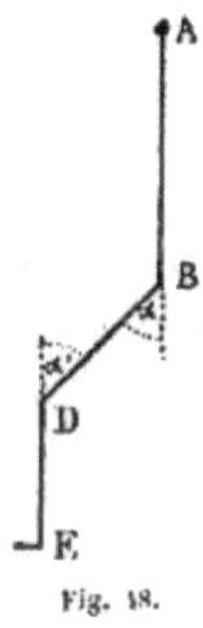

Fig. 18.

# To correct your seat and posture…

Imagine your pelvis as an old-fashioned goldfish bowl. To maintain your posture while you ride, keep the water in the bowl level. If your pelvis is tipped forward, the water will pour out onto the horse's withers. If your pelvis is tipped backward, you will pour the water out onto the haunches. —Janice Dulak

*Janice Dulak is a Pilates master instructor and the creator of Pilates for Dressage® and the Ridermanship Training Program. She is based out of Dulak Pilates Center in Champaign, Illinois (dulakpilates.com).*

*Send your Solutions idea to DressageToday@aimmedia.com.*

*Le capitaine, commandant puis lieutenant-colonel Margot, vingt-septième Ecuyer en Chef. Le record de longévité pour un Ecuyer en Chef. L'artisan du renouveau après la libération. L'archétype du Grand Dieu. Aujourd'hui la mémoire du Manège.*

Principales sources : - Challan Belval , Luc Pirick,  De Sevy

La verticalité du cavalier est primordiale. Le cheval peut s'exprimer seulement si le cavalier ne le gêne pas, c'est-à-dire quand les deux centres de gravité sont alignés, dans une plage acceptable, la plus précise possible, derrière le garrot et au milieu des épaules. Il permet alors au cheval de trouver, lui aussi un équilibre vertical, comparable à un fil à plomb, dans lequel il peut exprimer toutes ses qualités, dont la détente et l'articulation au planer, ainsi que l'équilibre à la réception pour se préparer au saut suivant, comme il le fait en liberté. Un cavalier qui se penche en avant et s'accroche aux rênes pour se stabiliser ne peut rien obtenir pour solutionner un problème. Il doit impérativement être placé au bon endroit, au bon moment.

L'équitation, c'est quand même beaucoup question d'équilibre et l'équilibre du cheval dépend de sa conformation physique, mais aussi beaucoup de l'équilibre du cavalier.

L'ensemble forme une balance et le cavalier est le fléau de la balance (pas le fléau du cheval) où s'organise le relèvement de l'avant-main et l'abaissement de l'arrière-main. C'est pourquoi on parle de position centrée, de ligne de gravité.

Le cavalier doit maitriser sa propre masse, pour ensuite procéder aux rééquilibrages nécessaires pour tel ou tel mouvement.

L'équilibre du cavalier, sa bonne assiette contribuent à la bonne main, à l'inverse un cavalier en perte d'équilibre va s'accrocher aux rênes. C'est pourquoi, d'ailleurs, j'ai adopté un collier de chasse, je préfère m'accrocher à lui en cas de déséquilibre, ce qui peut arriver.

À partir d'une position centrée, ce sont les déplacements d'assiette (discrets) qui feront comprendre au cheval, avec les mains et les jambes le mouvement ou l'air souhaité par le cavalier. Je joins quelques images qui argumentent mon propos. Cependant, c'est difficile de représenter par l'image : l'équilibre, la décontraction, le liant et le tact équestre. C'est le rôle du professeur d'observer et de corriger.

Il faut rechercher la position la plus naturelle possible, se rapprochant de la position debout à pied, la position du milieu qui n'est ni antéversion ni rétroversion exagérée, car ce sont des défauts à corriger. Une bonne position, c'est le début du rééquilibrage de l'ensemble. **La tête guide, le corps suit**. Si le regard s'abaisse, le corps se déséquilibre vers l'avant et le cavalier déséquilibre aussi le cheval et l'entraine vers la faute. Pour tenir en selle le cavalier d'extérieur, de CSO ou de cross, doit trouver des points de contact. Ce sont : le plat des cuisses, le mollet et le pied. Les cuisses et les mollets sont au contact, ainsi que les genoux dont l'articulation doit

94

rester libre pour permettre d'amortir les mouvements de bas en haut du cheval, surtout dans les réceptions de sauts. Le genou est un amortisseur qui ne doit en aucun cas être bloqué ou vissé sur la selle. À l'obstacle la descente de jambe s'obtient en plaçant le pied parallèle au corps du cheval, le mollet restant au contact n'exerce plus de pression.

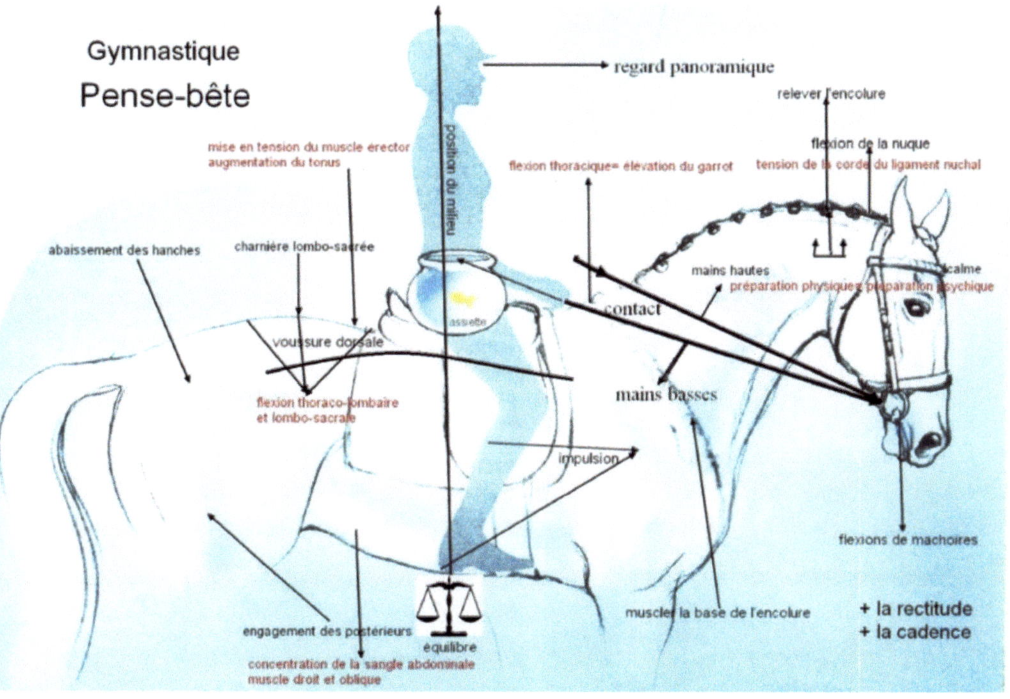

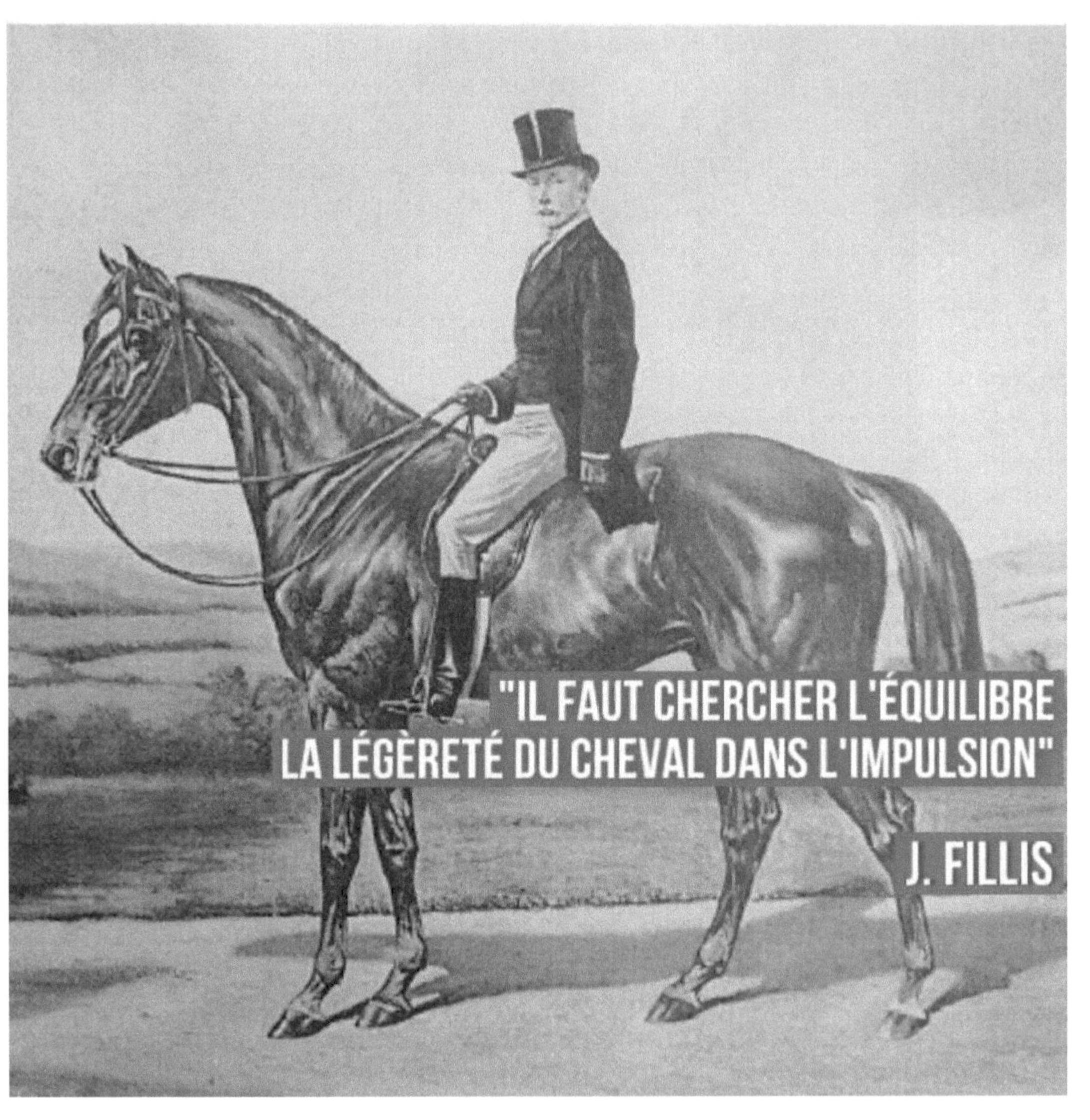

"IL FAUT CHERCHER L'ÉQUILIBRE
LA LÉGÈRETÉ DU CHEVAL DANS L'IMPULSION"

J. FILLIS

## Redresser le buste

L'impulsion se communique en écartant les pieds vers l'extérieur, les mollets se contractent et donnent l'influx, c'est une nécessité pour ne pas « abandonner » le cheval dans les dernières foulées précédant le saut d'un obstacle. Pour que cela fonctionne, il ne faut pas que les pieds partent en avant, car le bassin recule et l'action des jambes devient inefficace ; de plus dans cette position le cavalier écrase le dos du cheval. Si les pieds sont trop en arrière, le cavalier perd l'équilibre et pique du nez vers l'avant. En résumé, pensez toujours à la position du milieu. Le juste milieu : une ligne de crête entre deux abîmes.

### *LA POSITION DE BASE*

Pour faciliter l'observation d'un cavalier ou l'auto-observation, on divisera le corps du cavalier en quatre parties :

**La jambe**, qui va du genou au pied.

**La base,** c'est-à-dire la cuisse et le bassin.

**Le buste**, c'est ce qui se trouve au-dessus de la base, sauf les épaules, les bras et les mains.

**Enfin, les mains, les bras et les épaules.**

Pour se donner une bonne position, il faut procéder comme pour la construction d'une maison, donc commencer par les fondations.

**Le pied** : se place dans l'étrier, chaussé au tiers, parallèle au cheval, à la sangle ou en arrière, les talons baissés mais non bloqués pour permettre le jeu de l'articulation de la cheville. Question hauteur, le plat de l'étrier doit se situer au niveau de la malléole.

**Défauts** : chaussé au bout du pied il y a risque de perdre l'étrier, il ne permet plus le jeu souple et normal de l'articulation de la cheville et provoque une avancée du centre de gravité. Chaussé à fond, l'articulation de la cheville n'est plus flexible. L'étrier doit offrir une bonne assise anti-antidérapante au pied, tout en permettant à la cheville de bien s'articuler. L'étrivière doit être tournée sur son plat et verticale.

**Le mollet** : c'est le bas de la jambe, il établit le contact entre le cavalier et le cheval sans serrer, le cheval n'a pas besoin d'une deuxième sangle. Il se place légèrement en arrière de la sangle. Sur un cheval bien mis, le fait de redresser le pied contracte l'intérieur du mollet et sollicite l'impulsion, sans qu'il y ait besoin d'écarter les genoux du quartier de la selle.

**Défauts** : placé trop en arrière le cavalier perd l'équilibre et bascule vers l'avant. Trop en avant il gêne le libre jeu des épaules.

**Le genou** : Il entre moelleusement en contact avec le quartier de la selle. Il ne doit pas serrer plus fort que le mollet.

**Défauts** : trop serré le genou fait pivot provoquant un mouvement d'essuie-glace chez le mollet et font basculer le buste vers l'avant.

**Les cuisses** : elles doivent reposer sur leur plat, sans serrer plus que les genoux et les mollets. Les muscles des cuisses épousent la forme du cheval.

**Défauts** : les cuisses qui remontent à cause d'étriers chaussés trop courts, (les débutants ont une propension à chausser très court) ce qui est nuisible à l'assiette, c'est-à-dire une bonne tenue en selle.

**Le bassin** : C'est le pivot autour duquel s'harmonisent les différentes parties du corps. Le cavalier doit être assis dans sa selle et non pas sur sa selle et avoir le sentiment d'être collé à la selle grâce à son poids et à la profondeur de son assiette. La position du bassin conditionne celle du buste et des jambes.

**Défaut** : le cavalier qui n'a pas pratiqué les exercices de mise en selle avec notamment la monte sans étriers, est balloté avec un effet de trampoline sur le dos du cheval, ce qui ne peut que l'agacer, puis le ruiner, surtout s'il se conjugue avec l'effet essuie-glace et le secouage des draps.

**Le buste** : il faut choisir la position du milieu. La position du milieu permet au buste de rester droit, aux épaules d'être relâchées et au regard d'être droit, parallèle au sol.

**Défauts** : Si le haut du corps bascule vers l'avant, les coudes s'écartent et entraînent une traction des rênes, au lieu d'accompagner le cheval dans le couloir des aides L'antéversion, comme la rétroversion concerne le basculement du bassin, mais l'effet se voit sur le dos. Antéversion : le dos est raide et creux avec un buste reculé vers l'arrière. Rétroversion : dos de carpe, rond, mou, épaules voûtées favorisant l'écartement des coudes et le regard vers le sol, comme pour regarder le pied sur lequel on galope. Ce qui équivaut à regarder son volant ou la pédale de frein pendant que l'on conduit sa voiture sur une route de haute montagne.

**Les mains** : commencent aux épaules qui doivent être décontractées, souples et libres en dégageant la poitrine. Sinon il n'y a pas de bonnes mains. La main doit donner avec une générosité qui correspond au flottement de l'encolure à chaque foulée de trot, comme chaque balancier de galop

**Le bras** tombe à la verticale, sans raideur, sans utiliser -autant que possible- la force du biceps pour s'opposer au cheval.

**L'avant-bras**, légèrement incliné en dessous de l'horizontale, soutient le poignet, sans la moindre contraction.

**Le poignet** enregistre et interprète la volonté du cavalier, il doit se situer au-dessus du garrot et légèrement en avant. Toujours au-dessus de la bouche du cheval.

**Les doigts**, souples et mobiles, sont les derniers agents actifs de l'exécution.

L'ensemble main, poignet, avant bras, coude, forment une ligne droite partant de la bouche du cheval. Les mains doivent être écartées d'environ 20 cm sans jamais se joindre. La bonne position de la main conditionne la mise en main dont il faudra rappeler en quoi elle consiste.

L'influence que le cavalier exerce sur l'équilibre de son cheval, notamment sur le déplacement du poids du cheval de l'avant-main vers l'arrière-main et vice versa, est un facteur très important dans la maîtrise de l'animal.

L'action combinée du corps, des mains et des jambes du cavalier exerce une forte influence sur la détermination du centre de gravité du cheval dans des conditions normales de travail. Il y a en gros deux possibilités de travail pour un cheval : allongé ou rassemblé. La distribution du poids du cavalier doit donc varier et s'adapter correctement en fonction de ces deux éventualités :

En général, lorsque le cavalier accompagne les mouvements de son cheval, il l'encourage dans son extension et déplace l'équilibre de celui-ci vers l'avant.

- En revanche, lorsque par sa position, le cavalier repousse l'équilibre du cheval vers les hanches, on dit que le cavalier est derrière son cheval, c'est-à-dire qu'il retarde le mouvement naturel du cheval vers l'avant. Il ne faut en aucun cas confondre une assiette en équilibre et en avant avec un cavalier perché devant son cheval.

Lorsque j'évoque ces différentes façons de répartir le poids, j'utilise en général les termes de « deux points » et « trois points de contact », ce qui correspond aux positions dites « en suspension » et « assise ». Le contact en deux points soulage le dos du cheval en déplaçant le poids du cavalier dans les talons et sur les étriers.

Le corps, en s'inclinant légèrement vers l'avant, allège quelque peu le fardeau que doit supporter le dos du cheval et permet au centre de gravité de se déplacer vers l'avant-main. À ce moment précis, les deux seuls points de contact entre le cheval et le cavalier sont les deux jambes du cavalier. Le contact et par conséquent le poids ou l'influence de l'assiette sont d'une importance limitée. Aux allures rapides, que ce soit sur le plat ou à l'obstacle, il faut adopter cette position en suspension, car elle préserve le moelleux et la légèreté. On utilise également cette position en course, à la chasse, en cross-country et pour présenter des chevaux en épreuve de style ou d'extérieur.

Elle constitue un excellent exercice, ainsi que nous l'avons vu, dans la mesure où elle encourage le cavalier à mettre son poids dans les talons et ce faisant, à les baisser, mais sans les casser.

Un cavalier capable de rester en suspension au pas, au trot et au galop est sur la bonne voie, non seulement de l'équilibre mais aussi de l'indépendance des aides.

En apprenant à pratiquer cette position, l'élève aura intérêt à tenir la crinière d'une main (ou un collier de chasse) tout en rassemblant les rênes dans l'autre main. Ce soutien supplémentaire l'empêchera de se raccrocher à la bouche du cheval en cas de perte d 'équilibre.

Aux allures normales, et pour le travail sur le plat, on utilise la plupart du temps la position à trois points de contact (position assise), caractérisée par le fait que le poids du bassin (troisième point de contact) s'ajoute aux deux points déjà établis par la prise des jambes. On peut détailler plus avant ces trois points selon que la prédominance du contact avec la selle porte sur l'entre-jambes, les os du bassin ou les fesses.

En fait, la position assise la plus forte est celle qui inclut les fesses puisqu'elle place avantageusement le cavalier derrière son cheval, ce qui peut être utile en cas d'urgence.

Toutefois, étant donné que nous traitons ici des points fondamentaux, nous devons insister sur le fait que les os du bassin et non pas les fesses soutiennent la plupart du temps le buste.

Pour sentir les os du bassin contre la selle, le cavalier doit se tenir droit, pas en arrière de cet axe. On utilise habituellement la position à trois points de contact au petit galop ou pour travailler n'importe quel mouvement rassemblé sur le plat ou à l'obstacle.

Si les actions de jambes et de mains ne suffisent pas à retenir le cheval, il faut absolument recourir à cette position à trois points. La plupart des cavaliers de haut niveau l'utilisent parce que leur réussite dépend du degré de rassembler de leur cheval et que ce rassembler est seul capable de leur permettre de contrôler leur cheval, d'alléger son avant-main et de maîtriser sa force et sa légèreté générale.

De la même façon, dès qu'il s'agit de travailler des poulains ou des chevaux rétifs qui font des sauts-de-mouton, se cabrent, s'emballent ou sont au refus, on conseille de monter en restant derrière. En fait, le cavalier doit maintenir bien devant lui et dans ses jambes, n'importe quel cheval un peu récalcitrant.

Un autre cas pertinent requiert que l'on monte davantage avec son corps, c'est lorsqu'on aborde un obstacle particulièrement difficile ou inquiétant, susceptible d'entraîner une hésitation importante ou même un refus. Souvenez-vous cependant que ces exemples demeurent des exceptions.

Même si cela ne semble pas très facile, vous devez être capable d'adopter instantanément ces deux équilibres, y compris lorsque vous êtes un cavalier de peu d'expérience et que vous voulez être capable de vous débrouiller en toutes circonstances.

Les possibilités d'un cavalier sont limitées et statiques tant qu' il n'est pas à même de monter assis ou en suspension selon son gré.

Étant donné que ces deux positions permettent, chacune à sa façon, de maîtriser n'importe quelle situation survenant en Équitation, il nous faut les considérer avec une égale attention. Et pour cette raison, monter sans étriers. Car cette position assise, en développant la profondeur de l'assiette, contribue de façon déterminante à donner au cavalier une assiette forte et indépendance des aides.

En résumé, lorsqu'on effectue un parcours d'obstacles, quel que soit le niveau, on utilise nécessairement à un moment ou à un autre, et en fonction de ce que l'on doit faire, l'une des trois positions suivantes :

**- Position en suspension au galop (contact en deux points)**

**- Position légèrement assise, portant sur l'entre-jambes (Contact en trois points).**

**- Et position assise englobant les fesses (contact à trois points également).**

Avant de traiter des angles formés par le buste aux différentes allures, je voudrais évoquer le dos du cavalier en tant qu'entité spécifique. D'abord, le bon emploi du dos est chose très subtile à la fois à apprendre et à enseigner. Le poids du tronc du cavalier coordonne et clarifie vraiment toutes les indications données au cheval. Il est donc essentiel d'avoir Ia meilleure position possible du dos pour pouvoir être efficace.

Commençons par le bassin : le cavalier doit s'asseoir sur les deux os du bassin (ischions) qui font légèrement saillie, sans pousser les fesses vers l'arrière, ni les ramener vers l'avant, de façon à ne pas se retrouver assis sur le pubis ou sur le coccyx.

Une fois que vous aurez bien senti cette position assise correcte, vous comprendrez facilement le fonctionnement et les réactions de votre dos, qui, sans être raide, doit être aussi droit et aussi étiré que possible. Assurez-vous qu'une de vos épaules ou de vos hanches ne s'effondre pas vers l'intérieur dans les tournants.

Le bas du dos doit être particulièrement souple et relâché, car c'est cette partie qui suit le cheval aux allures assises. Le haut du dos, lui, doit se maintenir seul et se redresser sans jamais se creuser au point de repousser les fesses trop loin vers l'arrière.

Beaucoup de cavaliers dirigent leurs chevaux de la tête et du menton. Cette habitude peu esthétique vient toujours du fait qu'ils montent avec la partie supérieure de leur corps    ( avec le buste), au lieu de monter avec le bas (mollets et autres aides de la partie inférieure). Dans ce cas, on peut conseiller cet excellent exercice correctif qui consiste, pour le cavalier, à toucher la partie arrière du col de ses vêtements avec la partie arrière de son cou.

Nous voilà prêts, maintenant que nous avons ces points bien à l'esprit, à continuer d'étudier de quelle façon le cavalier doit adapter la position de son buste aux variations d'allure et de vitesse auxquelles il évolue.

Pour conserver un équilibre très sûr, le cavalier doit faire coordonner son centre de gravité avec celui de son cheval. Il suffit en général que ce centre de gravité soit juste au-dessus de celui du cheval ; il ne doit jamais passer devant lui. Il peut éventuellement passer derrière, si le cavalier a besoin d'encourager le mouvement ou au contraire de le retenir.

Plus l'allure du cheval est rapide, plus le centre de gravité se déplace vers l'avant. Le buste du cavalier doit alors se pencher vers l'avant proportionnellement à l'augmentation de vitesse du cheval. Ce geste que l'on nomme parfois « fermeture de l'angle de la hanche » ou encore « inclinaison du buste » permet en effet au cavalier d'épouser les mouvements de son cheval à tout instant. Lorsque le cavalier se place en retrait de ce mouvement, son buste reste droit, ce qui place son centre de gravité derrière celui de son cheval.

Si le cavalier ferme l'angle de ses hanches plus qu'il n'est nécessaire par rapport à la vitesse de son cheval, il constatera que son centre de gravité est passé devant celui de son cheval.

Or cette position diminue considérablement le contrôle que l'on peut exercer sur sa monture. Seul un petit nombre de cavaliers particulièrement doués parviennent à monter en avant du mouvement tout en conservant leur cheval en équilibre.

L'acquisition d'une monte moelleuse, en équilibre et capable de contrôler son cheval, passe par la compréhension du rôle joué par ces angles du buste. D'où la nécessité de modifier, même légèrement, l'angle d'inclinaison du buste en fonction des variations d'allures. Lorsque le cheval est immobile, son centre de gravité et celui de son cavalier coïncident exactement avec le milieu du corps du cheval, à mi-chemin donc entre la tête et la queue, sensiblement autour le la 12$^{\text{ème}}$ vertèbre thoracique. Le cavalier est assis parfaitement droit.

Dans le reculer, le cheval reporte son poids en partie vers l'arrière et le cavalier doit suivre le déplacement en restant droit, sans piquer du nez vers l'avant.

Au pas, un déplacement similaire se produit, vers l'avant. Le pas et le reculer sont des allures relativement lentes. Les modifications du centre de gravité et l'inclinaison du buste sont donc très faibles.

Le trot assis provoque, lui aussi un léger déplacement vers l'avant, mais l'inclinaison du buste qu'il entraîne ne doit pas excéder deux degrés (en avant de la verticale).

C'est au trot enlevé que l'on distingue le plus clairement le fossé qui sépare la «

monte dans le mouvement » de la « monte en arrière » du mouvement. N'importe quel cavalier devrait pouvoir sentir la différence qu'il y a entre ces deux équilibres si distincts :

- Celui dans lequel le cavalier s'élève et retombe droit dans sa selle, en s'asseyant sur ses fesses (monte en arrière du mouvement).

- Et celui dans lequel le cavalier, reposant sur ses cuisses et sur l'entre-jambes, ne modifie pas le plan d'inclinaison de son buste ni en s'élevant ni en s'abaissant (monte dans le mouvement).

Lorsqu'au trot enlevé, le cavalier se penche en avant, on dit qu'il est en avant du mouvement. Cette position n'est valable que dans deux cas particuliers : avec un cheval au dos « froid » ou douloureux, ou pour corriger un cavalier habituellement en arrière du mouvement. Notre but est de former un cavalier élégant quoique souple et parfaitement liant à toutes les allures assises. Ce n'est pas toujours chose facile ni à obtenir ni à conserver ; les gens apprennent en général difficilement à suivre les mouvements du cheval d'une façon précise avec leur bassin et leur dos. À partir du moment où les os du bassin sont rivés à la selle, les chocs sont absorbés par une ondulation à peine perceptible de cette partie inférieure du dos. Souvent, le cavalier produit de lui-même ce mouvement, qui devient par voie de conséquence exagéré et faux. Un bon exercice dans ce cas consiste à se laisser porter le plus possible par le cheval tandis que la partie basse des jambes fait le nécessaire au contact des flancs. Cette position au trot enlevé est également valable au galop moyen. Le trot enlevé et le galop moyen nécessitent le même degré d'inclinaison du buste, car le cavalier, en sortant de sa selle, avance légèrement son centre de gravité. Le fait d'incliner son buste vers l'avant lui permet de compenser cette perte d'équilibre.

L'allure du petit galop exige un certain rassembler si l'on veut que le cheval reporte son poids davantage vers les jarrets. La position du buste est la même cependant que pour le trot assis, c'est-à-dire que le buste est incliné de quelques degrés à peine en avant de la verticale.

La compréhension et le contrôle précis de l'inclinaison du buste rendent le cavalier capable de se servir le moins possible de son dos et de son poids, ce qui constitue un atout majeur pour pouvoir arriver à monter de façon liante, sur le plat comme à l'obstacle.

On associe donc d'une façon générale la monte dans le mouvement, aux cross galopants et aux épreuves de style « hunter » puisque dans ces cas précis, cheval et cavalier ne doivent faire qu'un. L'inclinaison du buste du cavalier vers l'avant soulage grandement le dos du cheval lorsqu'il faut parcourir de longues distances ou évoluer en terrain varié. Cette inclinaison devient indispensable dans le cas d'un cheval au dos très sensible ou « froid »

Lorsqu'il s'agit de s'assurer du maximum de contrôle et de sécurité, il vaut mieux - ainsi que nous l'avons remarqué - monter en retrait du mouvement, profondément et sûrement assis. Il s'ensuit bien évidemment une certaine perte de grâce puisque le cavalier a toujours l'air, pour ainsi dire, de chercher à rattraper son cheval. Mais pour travailler de jeunes chevaux ou des chevaux de grosses épreuves de CSO, pour travailler le dressage ou plus généralement pour rassembler davantage son cheval, il faut accroître son contrôle sur lui et dans ce cas, seule la position assise en profondeur peut convenir.

On ne résout pas, on le voit, l'essentiel des problèmes rencontrés en équitation quotidienne, au manège ou en concours, en montant d'une manière fixée définitivement, dans une seule et même position. Les cavaliers qui ont compris cela se méfient à juste titre d'un certain type d'équitation uniquement soucieux de la forme. Car, à moins de travailler la souplesse dès le début de l'instruction et de s'y entraîner ensuite constamment le cavalier va acquérir une assiette statique, automatique et figée, qui le rendra incapable de s'adapter aux nouveaux problèmes qui surgiront.


## *L'INERTIE A L'OBSTACLE*

Dans ce contexte, l'inertie se définit comme une force fictive, à l'instar de l'effet centrifuge. C'est la résistance que les corps, en raison de leur masse, opposent au mouvement.

Bien qu'elle soit considérée comme "force fictive", ses effets eux sont bien réels, notamment pour ce qui concerne le saut d'obstacles.

La force d'inertie n'est pas une faute en soi, mais une cause dont les effets conduisent à des fautes.

Chaque position trouvera son utilité selon les circonstances du parcours.

Mais il ne faut pas oublier la position pendant le saut.

Deux fautes sont à éviter : 1) précéder le cheval à la battue est une faute fréquente, on appelle cela faire" Georgette", le cavalier qui craint de ne pouvoir suivre son cheval, anticipe le saut en se penchant en avant trop tôt et trop vite. La faute est grave parce qu'elle s'additionne à l'inertie provoquée par la battue. Le cheval qui couvrait 3m50 en moyenne par foulée va brusquement, dans les deux dernières battues, frapper le sol de ses 4 pieds dans un espace de l'ordre de 60 à 80 cm.

C'est un coup de frein qui projette le cavalier vers l'avant, chargeant les épaules du cheval au moment où il va s'élever. Le cheval risque une faute des antérieurs en diminuant la hauteur de sa trajectoire, causée par la surcharge de poids sur les membres du devant. Le cavalier doit anticiper cette inertie en s'équilibrant dans les dernières foulées et attendre le saut. Observez les bons cavaliers, ils ne donnent pas l'impression d'aller vite.

À l'abord d'un obstacle. Il faut descendre les cuisses et se redresser, aller vers l'obstacle avec son bassin et pas avec son nez. Ensuite, dans la phase ascendante, attendre son cheval, l'encolure monte vers soi. Ce n'est que lors de la phase ascendante que le cavalier commence à se pencher pour accompagner le balancier du cheval (tête, encolure). Il continue à suivre l'encolure pendant le planer. Lors de la réception, le cavalier doit éviter de s'écraser sur l'encolure, ce qui nuit à l'équilibre du cheval, risque la faute des antérieurs et provoquer des défenses et qui en plus lui ferait perdre un temps précieux pour rééquilibrer. Il doit répartir son poids au plus près du centre de gravité en avançant son bassin au lieu de reculer les épaules.

La faute i nverse e st de partir en retard du saut, c e q ui s'appelle « p rendre u n t axi ». Le cavalier restant figé en arrière s'accroche aux rênes, écrase le dos du cheval et provoque la plupart du temps une faute des postérieurs.

Un cheval en mouvement est soumis comme n'importe quel corps à des forces contradictoires ; les forces propulsives qui le mobilisent et les forces d'inertie qui le freinent. Chez le cheval monté ces forces d'inertie augmentent fortement quand le cheval est sur les épaules et appuyé sur la main.

L'équilibre va donc diminuer les inerties. Il ne crée pas le mouvement en avant, mais il le potentialise. Il y a un bénéfice final d'impulsion, non parce que l'on n'en gagne plus mais parce que l'on en dépense moins. C'est, je crois, le sens qu'il faut donner à l'expression "auto-impulsion".

Le cavalier et le cheval n'échappent pas aux lois de la physique en général et de la dynamique en particulier. Dans chaque mouvement, nous sommes soumis à des tensions en sens divers ; la force de gravité qui nous tire vers le bas, la propulsion qui nous pousse dans le sens du mouvement et la force d'inertie qui nous repousse en sens contraire du mouvement.

Dans toutes les allures, la position du buste du cavalier coïncide avec la composante de toutes les forces qu'il subit. Dans le rassembler la force d'inertie est quasi nulle et le buste, soumis à la seule force de gravité, se dispose verticalement ; dans le galop de course, c'est la force de gravité qui est insignifiante par rapport à une force d'inertie considérable et le buste s'oriente vers l'horizontale et dans les allures intermédiaires entre ces deux extrêmes, l'inclinaison du buste variera en fonction du rapport gravité/inertie, plus redressé si l'inertie est faible, et inversement.

Une transition vers une allure inférieure provoque une force d'inertie d'autant plus importante qu'elle se fait sur une distance courte et entre des allures très différentes.

Cette inertie doit être absorbée par des amortisseurs. Nous souhaitons qu'elle le soit par la flexion des articulations des membres postérieurs et du dos/rein, par l'élévation de la base de l'encolure, la flexion de la nuque et la décontraction de mâchoire. Seulement le cheval dispose d'autres moyens plus économes en énergie, et il va tout naturellement essayer de s'en servir de préférence !

Il va d'abord se traverser pour amortir la pression de cette inertie plus facilement dans une flexion latérale que dans les flexions longitudinales. Si le cavalier le garde droit, il va ensuite figer les antérieurs, pour l'amortir dans l'affaissement de la base d'encolure et dans l'appui sur le mors. Si le cavalier le garde en équilibre, il va enfin la minimiser en arrêtant de pousser, en se désengageant et en creusant le dos/rein.

De ce processus de « fautes », qui ne sont en fait qu'une recherche de facilité, nous pourrons déduire une règle d'or. Dans les transitions il faudra toujours commencer par vérifier la rectitude et l'équilibre, et ensuite seulement intervenir sur le mouvement. C'est particulièrement vrai à l'obstacle où le but n'est pas de ralentir le cheval après le saut, mais de le rééquilibrer, si c'est nécessaire, pour préparer le saut suivant.

Cette règle va malheureusement à l'encontre du réflexe primaire qui pousse le jeune cavalier à ralentir d'abord, pour ensuite tenter tant bien que mal de contrôler la rectitude et l'équilibre.

Il faut le convaincre qu'une résistance, ou à fortiori une traction, exercée sur un cheval de travers ou sur les épaules, ne pourra qu'aggraver le traverser et/ou, le déséquilibre ».

Lorsque la vibration ou le demi-arrêt ne suffisent pas pour corriger une résistance, le cavalier doit opposer le poids de son corps à cette résistance du cheval. Cette expression est juste, mais sans explication complémentaire elle risque fort d'être comprise par l'élève comme mettre le poids de son corps au bout des rênes, ce qui aboutirait à une traction. Ce n'est évidemment pas le cas !

Opposer le poids de son corps signifie que le cavalier avance son bassin, recule légèrement les épaules et tend son dos de telle sorte que la résistance du cheval l'enfonce davantage dans la selle. Il se soude en quelque sorte au cheval qui dès lors résiste en fait sur lui-même, ce qu'il ne peut faire que pendant un temps court avant d'être obligé de céder.

Ce n'est donc pas l'action du cavalier qui est efficace ici, mais au contraire son inertie ; le cheval s'oppose ainsi à lui-même. Si le cavalier agissait en sens contraire de la résistance du cheval, force contre force, il n'aurait aucune chance de faire céder le cheval.

Souvent les avis vont dans le sens de dire qu'il ne faut pas employer la force par respect du cheval. C'est une raison bien sûr, mais c'est loin d'être la plus importante : Il faut éviter les aides de force surtout parce qu'elles sont inefficaces ! Je ne dis pas qu'il ne faut pas faire preuve d'autorité ou de rigueur, parfois et à bon escient, mais ce qu'il ne faut jamais faire, c'est entrer dans un processus d'action/réaction en tirant sur un cheval dix fois plus puissant que nous !

Sous l'effet des forces d'inertie, à la battue des antérieurs et à la réception, les mouvements du haut du corps vont s'organiser en fonction du placer du bas du corps.

Si la cuisse et le genou sont descendus et libres, le mouvement pendulaire va s'organiser autour d'un point fixe à l'épaule, par déplacement de l'assiette d'arrière en avant. Le cavalier va se rapprocher de la ligne de gravité.

Si, au contraire, la cuisse et le genou sont remontés et contractés, le bassin va être bloqué et le mouvement pendulaire va s'organiser autour d'un point fixe à la hanche, par déplacement des épaules vers l'avant ou vers l'arrière. Le cavalier va s'éloigner de la ligne de gravité. Meilleure est la position, mieux le cheval saute, il est agréable à regarder.

**L'importance du regard :** Regardez ou vous allez, non pas ou vous serez, car vous n'êtes pas encore rendu. Il faut corriger la foulée à venir, et non pas celle qui est passée.

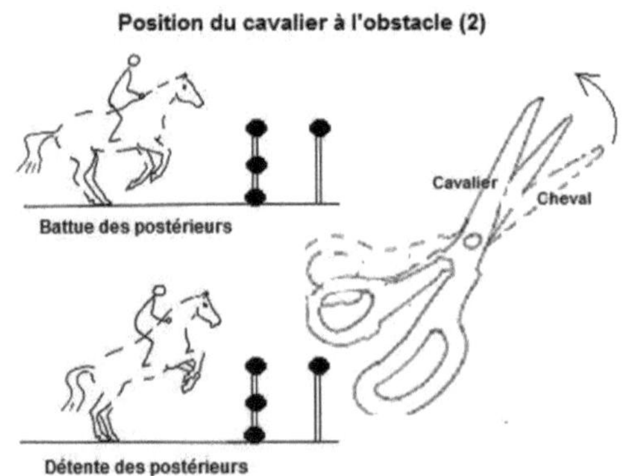

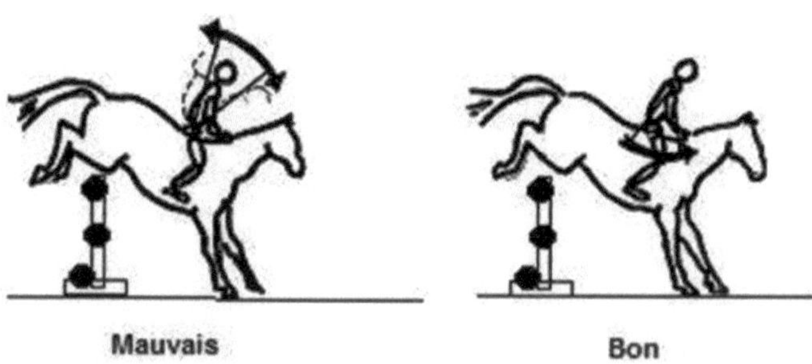



## QUESTION ASSIETTE

L'équilibre du cheval commence par celui du cavalier, et toute forme d'équitation commence par des assouplissements : assouplissements du cheval, assouplissements du cavalier.

Les liens entre la position centrée, et l'assiette sont indissociables. Qu'est-ce que l'assiette ?

Disons qu'elle peut se définir par l'ensemble des conditions de stabilité qui permettent au cavalier d'échapper aux multiples causes de déplacement auxquelles il est soumis. L'assiette résulte principalement d'une adaptation articulaire et musculaire du cavalier.

Elle concerne la région du rein (lombaire), le bassin et particulièrement les ischions ; les articulations coxo-fémorales et des muscles abducteurs des cuisses et fléchisseurs des jambes et le pied.

C'est donc principalement une recherche d'équilibre et c'est le défaut d'équilibre qui entraine inévitablement des gestes désordonnés des membres supérieurs chez le cavalier.

Les principaux défauts que l'on rencontre sont :

Une tendance marquée à basculer en avant

Le rein qui n'a aucun jeu vertical.

Les genoux qui remontent.

Chaque réaction du cheval est marquée par un geste brusque d'élévation des bras et des mains.

D'où viennent ces problèmes d'équilibre ?

*BASE DE SUSTENTATION*

Polygone dessiné en reliant les points d'appui d'un corps. Plus particulièrement, espace virtuel situé entre les points d'appui des pieds d'un être humain lorsqu'il se tient debout. La projection du centre de gravité du corps doit être comprise dans cet espace pour que l'individu ne perde pas l'équilibre et tombe. Chez l'humain, on remarque que les points d'appui du buste se font sur l'articulation coxo-fémorale, les ischions se situant sensiblement en arrière de la ligne de gravité.

Lorsque l'homme est assis à cheval, sa base de sustentation n'est plus la même, (à supposer qu'il ne prend pas appui sur ses étriers), la base de sustentation est réduite à la ligne des ischions, du coup le centre de gravité se projette en avant des points d'appui du buste, celui-ci bascule en avant. Donc, ce n'est pas pour trouver son équilibre que le cavalier se penche en avant, mais parce qu'il perd l'équilibre. L'avantage qu'il y trouve, c'est de pouvoir s'accrocher à la crinière avec ses mains et au flanc du cheval avec ses jambes. Certaines écoles utilisent ce procédé pour mettre en selle leurs élèves. Mais ce n'est pas ce que je préconise, car l'indépendance des bras et des mains entre eux, par rapport au corps est une condition indispensable pour l'action précise des rênes sur la bouche du cheval.

Il y a un autre procédé qui consiste à rétablir l'équilibre : c'est de porter son buste en arrière. Le cavalier retrouve ainsi l'équilibre en ramenant son centre de gravité au-dessus de ses points d'appui, de plus il atténue artificiellement les déplacements dus aux réactions. Si ce procédé est utile pour combattre la réaction de la ruade, il n'est guère efficace pour l'équitation, par le simple fait que le cavalier est privé de l'emploi de ses aides.

Le seul effet de rênes possible est la traction directe.

Une bonne assiette a non seulement une utilité fondamentale pour la pratique de l'équitation, mais aussi une fonction préventive pour ce qui concerne les lombalgies.

Après avoir exclu la position en arrière, ou en avant, on distingue classiquement trois types d'assiettes :

L'assiette normale.

Le rein voussé. (Rétroversion)

Le rein creux. (Antéversion)

NB : par rein il faut entendre un ensemble fonctionnel regroupant le bassin, les vertèbres sacrées et lombaires ainsi que les premières dorsales

Le cavalier ayant une assiette légère est assis sur ses ischions, voire en arrière de ceux-ci, sur le gras des fesses. Cette attitude place le bassin en rétroversion par rapport à la position debout. La courbure lombaire est en position dite de lordose effacée, les dièdres discaux lombaires restent parallèles, ce qui permet une répartition homogène des contraintes. Le tronc est vertical, il s'agit de l'assiette de référence. Attention, trop de rétroversion comprime les disques intervertébraux.

Lors d'une assiette en rein voussé, la rétroversion du bassin est accentuée du fait de l'avancée des ischions. Cette position améliore l'équilibre du tronc, à condition de ne pas exagérer. Elle permet un fonctionnement mécanique satisfaisant.

L'assiette en rein creux est caractérisée par une antéversion du bassin, le cavalier est assis sur son pubis, la lordose lombaire est importante et les articulaires postérieures lombaires sont pincées. Une mauvaise position est à l'origine de la détérioration des anneaux fibreux discaux et la dégénérescence arthrosique des massifs articulaires postérieurs.

En équitation, l'assiette et la position sont des éléments indissociables.

Quelle que soit la discipline pratiquée, il y a un principe valable pour toutes, c'est de faire coïncider la ligne de gravité du cavalier avec celle du cheval. La ligne de gravité du cavalier assis passe par l'axe de ses ischions qui devient la base de sustentation.

Le procédé qui consiste à déplacer les ischions vers l'avant pour les amener sous le centre de gravité est le seul à retenir. Non seulement l'équilibre est rétabli, mais la forme arrondie du rein en permet sa détente verticale. Le cavalier sera d'aplomb dans sa selle, il pourra se grandir ou descendre profondément dans sa selle pour absorber les réactions dues aux différents déplacements du cheval, sans compromettre sa stabilité. Les bras et les mains deviennent indépendants, l'équilibre global du couple sera préservé.

Cette légère voussure du rein, les cuisses descendues n'est pas naturelle et ne s'obtient que par un travail rationnel d'adaptation. Placer les ischions d'abord, placer le rein ensuite.

Le cavalier ne doit cependant pas être assis sur son coccyx ou sur son pubis, mais sur ses ischions ou sur ses fesses.

Personne de naissance ne sait se tenir à cheval, même si certains sont plus doués que d'autres. Quand bien même si l'École polytechnique instruisait sur la théorie de l'assiette du cavalier à cheval, elle ne ferait pas pour autant d'excellents cavaliers. Seule la pratique fait la bonne assiette : montez-vous régulièrement et souvent ?

C'est au moyen d'exercices qui recherchent alternativement l'équilibre et la souplesse que l'on obtient une bonne assiette.

Il faut commencer par monter sans étrier, si le cavalier débutant dispose d'un longeur, ce n'est que mieux, ce dernier pourra corriger ce qu'il voit et cette pratique est plus sécurisante pour le cavalier qui pourra s'aider du pommeau pour avancer son assiette tout en se décontractant.

La position du cavalier doit être la même que lorsqu'il monte avec des étriers. Il faut baisser les talons, sans les casser, et non les orteils, bien abaisser ses cuisses.

Pour renforcer une cuisse ronde et peu musclée, il faut monter au trot enlevé sans étriers.

Il faut profiter de monter sans étrier pour effectuer les exercices qui s'y rapportent.

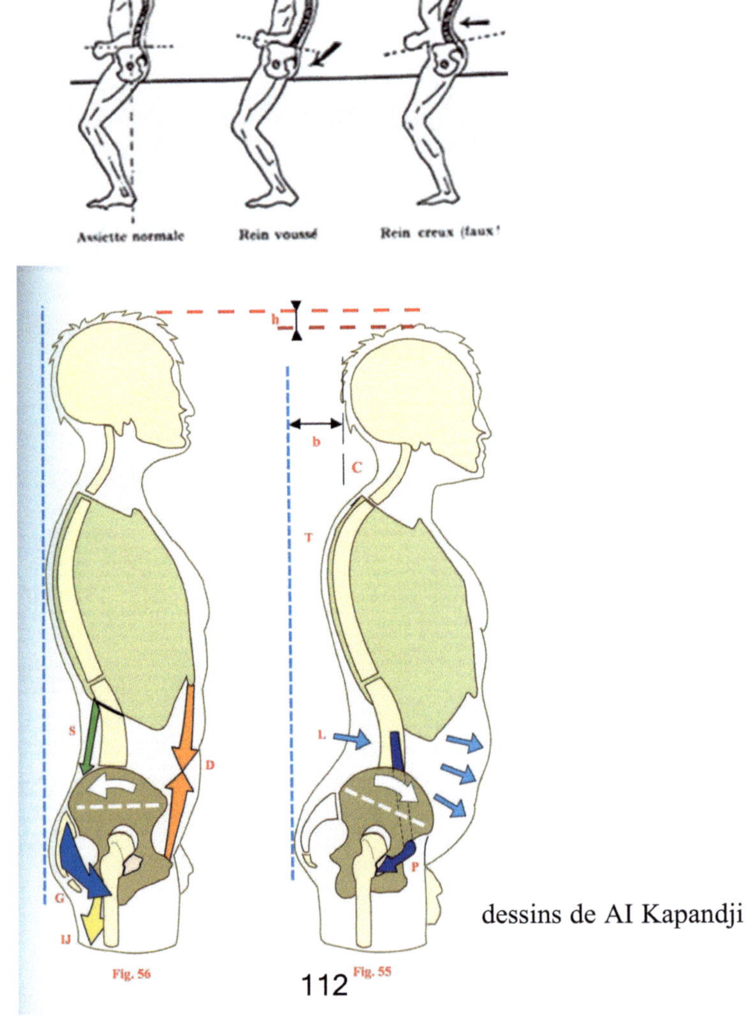


dessins de AI Kapandji

L'une des fautes les plus courantes en saut d'obstacles, et je ne pense pas y avoir échappé, c'est d'entendre crier : fixez vos mains ! fixez vos mains ? Le fait de rester bloqué et de ne pas déplier les coudes n'est pas bon pour la bouche du cheval qui prend un « coup de sonnette » alors qu'il a besoin d'étendre sa tête et son encolure pour exécuter son saut. Il peut pardonner une fois ou deux, puis finira par rétiver. Pour compenser le cavalier avance la tête et le buste, creuse son dos si son regard est bien placé (à terme il aura mal au dos) ; cela a pour inconvénient de charger l'avant main, d'où le risque de faire tomber la barre, puis d'éprouver quelques difficultés pour rééquilibrer après la réception. Enfin, le cavalier « passe devant son cheval » au lieu d'attendre le saut. Pour autant, cela ne veut pas dire qu'il faut perdre le contact, mais il n'est pas nécessaire que le fil soit tendu.

Il s'ensuit que le mollet part en arrière et accentue le déséquilibre vers l'avant, l'angle du genou s'ouvre trop. La spirale négative est engagée, alors le cavalier bloque le genou qui fait pivot, la jambe fait balai « d'essuie-glaces » et perturbe le cheval.

C'est encore dire l'importance de la position, qu'il faut analyser des pieds à la tête, car comme tout le monde le sait : l'équilibre du cheval commence par celui du cavalier. Généralement on n'y prête pas trop attention, du moment que le cheval a sauté. Mais attention, le diable se cache dans les détails.

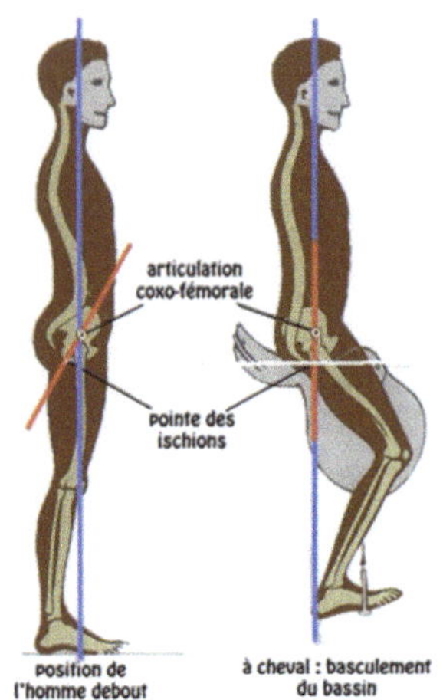



Dans la station debout, l'homme est en appui sur ses pieds qui constituent sa base de sustentation, au-dessus de laquelle il est en équilibre. L'axe de gravité passe par l'articulation coxo-fémorale, les ischions se trouvant en arrière de cette ligne.

Pour pratiquer l'équitation, l'homme se positionne à califourchon sur le dos du cheval, en appui sur son bassin, ce qui implique des adaptations anatomiques, bio-mécaniques, voire psychologiques.

Dans ce contexte, l'assiette qui se définit comme la qualité qui permet de rester maître de son équilibre en toutes circonstances implique que les mouvements du bassin soient synchrones avec ceux du cheval.

On relève trois types d'assiettes : assiette normale, rein voussé, rein creux, auxquels s'ajoutent des nuances : assiette légère, assiette profonde, suspension…

À cheval, le procédé qui consiste à déplacer les ischions vers l'avant pour les amener dans l'axe de gravité ne peut être obtenu sans efforts gymnastiques, mais plus efficace que de porter le corps en arrière, car il permet l'indépendance des bras par rapport au corps et à la bouche du cheval, ainsi que la descente des cuisses. Le cavalier qui a acquis une bonne assiette ne secoue plus le tapis.

Si le cavalier est assis au niveau de la 12$^{\text{ème}}$ ou 13$^{\text{ème}}$ vertèbre thoracique, l'équilibre est non seulement rétabli par ce moyen, mais la forme arrondie du rein qui en permet la détente verticale est réalisée du même coup.

Qui veut voyager loin ménage sa monture…et lui-même.

La position de « relaxation » ou physiologiquement normale du rachis s'obtient par avancée des ischions avec un rein légèrement voussé, un angle tronc - cuisse de 135° et cuisse - jambe de 135° également, avec une variante de 5° C'est une position qui abaisse le centre de gravité, donc améliore la tenue en selle, mais au-delà de 135° la rétroversion devient difficile, voire impossible, les conséquences sont une hyperlordose l ombaire,   en contradiction a vec l a p osition n ormale   du cavalier. Dans le cas ou l'assiette est en rein creux, caractérisée par une antéversion du bassin, le cavalier est assis sur son pubis, la lordose lombaire est importante et les dièdres discaux sont pincés, source d'arthrose à moyen ou long terme. En conclusion, pour protéger son rachis, il convient d'avancer les ischions d'une part, et d'autre part, respecter les angles, avec une marge de 5° avec, cependant une exception pour le travail à l'obstacle ou je recommande un angle cuisse jambe, d'environ 110°.(+ ou - 5°)

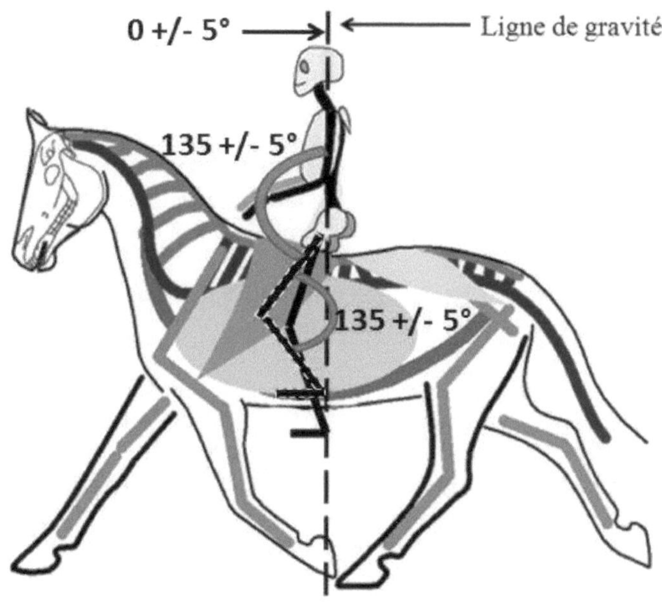

Je n'ai jamais publié sur le trot enlevé, tellement cela me semblait banal. pourtant ça ne l'était pas. C'est d'ailleurs l'un des objet quotidien de tout moniteur.

Depuis quelque temps, pour des raisons qui n'ont rien à voir avec l'équitation, j'ai perdu force et équilibre, ce qui m'oblige à réapprendre comme un petit enfant candide.

Ce qui va suivre est de la théorie, mais comme toujours je la soumets à l'épreuve des faits. Et si en théorie tout va bien, ce n'est pas toujours le cas sur le dos d'un cheval.

Il me faut rechercher à la fois le maintien et l'équilibre, sachant que l'équilibre prime sur la force. Serrer les genoux ou les cuisses aurait pour effet d'expulser le cavalier hors de la selle comme le noyaux d'une cerise serré entre les doigts, d'autant que cela fait remonter la cuisse dont l'angle avec le buste atteint 50° , alors qu'il ne devrait pas dépasser 30°.

Il faut donc allonger les étriers de façon a ce que les fesses du cavalier se situent à environ 15 cm de la selle lorsqu'il est debout sur ses étriers. Par contre il ne doit se soulever que de quelques cm dans le mouvement du trot enlevé.

Il conviendra de trouver le juste milieu, ni trop long, ce qui fait basculer le corps en arrière, ni trop court qui fait basculer en avant.

Le trot enlevé est bénéfique pour le cheval car il soulage son dos et aussi pour le cavalier qui va apprendre (ou réapprendre) l'équilibre dans la relaxation.

Cependant peu de cavaliers trottent enlevé dans l'économie et la souplesse.
Le buste sera légèrement incliné vers l'avant. On peut expliquer cela par le déplacement du centre de gravité entre le cavalier a pied et le cavalier assis sur ses ischions. Il serait plus juste de parler de « ligne de gravité ». Une ligne qui  passe à la verticale des talons et des ischions devenant base de sustentation. L'essentiel est d'être en équilibre au dessus de ses appuis. Cependant, cette ligne de gravité doit correspondre au plus près de celle du cheval qui est très variable selon son niveau de « dressage ». Selon qu'il est sur les épaules, dans un équilibre horizontal ou sur les hanches. Il ne saurait être ici question de la position académique qui convient à la haute école.

Si vous êtes assis sur une chaise et que vous désirez vous lever, vous placez vos pieds inconsciemment sous vos fesses en les ramenant sous la chaise pour pouvoir vous lever. Si vous gardez les pieds loin devant vous ne pourrez pas vous lever. Si vous les amener derrière la chaise vous tombez en avant. Toujours le juste milieu.

Beaucoup de cavaliers ont les jambes trop en avant au trot enlevé, j'en ai fait moi-même l'expérience. Il faut conserver la même inclinaison, le même équilibre, le même rythme à chaque foulée.

Le buste se redressera au fur et à mesure que le cheval sera rassemblé. Les mains qui ont tendance à faire des gestes désordonnés devront être particulièrement indépendantes par rapport au buste. Ni monter, ni descendre. Le plus simple est de poser les mains sur l'encolure ou tenir un collier.

Il faut garder le regard haut, au dessus de son cheval, la tête guide le corps.

Il faut apprendre à se déplacer peu et plutôt d'avant en arrière que de haut en bas. Trotter avec le ventre et non avec le thorax.

Tout en étant au trot enlevé, le cavalier peut changer de diagonal en restant assis deux battues de suite dans sa selle.

A l'extérieur, il faut changer de diagonal par raison de symétrie et pour ne pas fatiguer toujours le même diagonal.

Au manège ou en carrière, pour des raisons d'équilibre, il faut trotter avec le diagonal extérieur.

A main droite,
le cavalier trotte
avec le diagonal gauche.

# Dressage
## Amateur Elite Préliminaire / Pro 2 A (A7 St Georges, FEI Eq JC) / As Jeunes Elite Equipe

(Texte FEI : Saint Georges et équipe jeune cavalier)
Reprise à présenter sur un rectangle de 60 m x 20 m
Bride obligatoire sauf en As Jeunes Elite facultative Éperons obligatoires sauf en préparatoire.
filet simple autorisé sur les préparatoires

| Classement en Points | Classement en % |
| --- | --- |
| Juge C: | |
| Juge H: | |
| Juge M: | |
| Juge B: | |
| Juge E: | |
| Total................ | Soit...............% |

**CONCOURS DE :** ........................................  **DATE:** ............

**JUGE:** ..........................

**N°** ................. (M.,Mme.,Mlle) ........................................  **Cheval:** ........................................

**POSITION**

| Fig. | MOUVEMENTS | IDEES DIRECTRICES | Note 0 à 10 | Coef. | OBSERVATIONS |
| --- | --- | --- | --- | --- | --- |
| 1 | A  Entrée au galop rassemblé<br>X  Arrêt - immobilité - salut<br>Partir au trot rassemblé<br>XC  Trot rassemblé | Qualité des allures.<br>L'arrêt et les transitions. La rectitude.<br>Contact et nuque | | 1 | |
| 2 | C  Piste à main droite<br>MXK  Changement de main au trot moyen<br>KAF  Trot rassemblé | La régularité, l'élasticité,<br>L'équilibre, l'engagement des postérieurs,<br>l'amplitude des pas et l'adaptation de l'attitude<br>Les deux transitions. | | 1 | |
| 3 | FB  Epaule en dedans à gauche | La régularité et la qualité du trot.<br>L'incurvation,<br>la stabilité de l'angle. Le rassembler, l'équilibre<br>et la fluidité. | | 1 | |
| 4 | B  Volte à gauche de 8 m de diamètre | La régularité et la qualité du trot.<br>L'incurvation.<br>Le rassembler et l'équilibre.<br>Dimension et dessin de la volte. | | 1 | |
| 5 | BG  Appuyer à gauche<br>G  Marcher droit sur la ligne du milieu<br>C  Piste à main gauche | La régularité et la qualité du trot,<br>l'incurvation<br>Régulière, le rassembler, la fluidité.<br>L'orientation. Le croisement des membres. | | 2 | |
| 6 | HXF  Trot allongé<br>FAK  Trot rassemblé | La régularité, l'élasticité, l'équilibre,<br>l'énergie des postérieurs, l'amplitude.<br>Adaptation de l'attitude. Différence avec<br>Le trot moyen. | | 1 | |
| 7 | Transitions en H et F | Maintien du rythme, fluidité.<br>Précision et moelleux des transitions.<br>Modification d'attitude. | | 1 | |
| 8 | KE  Epaule en dedans à droite | La régularité et la qualité du trot,<br>l'incurvation.<br>la stabilité de l'angle. Le rassembler,<br>l'équilibre,<br>et la fluidité. | | 1 | |
| 9 | E  Volte à droite de 8 m de diamètre | La régularité et la qualité du trot.<br>L'incurvation.<br>Le rassembler et l'équilibre.<br>Dimension et dessin de la volte. | | 1 | |
| 10 | EG  Appuyer à droite<br>G  Marcher droit sur la ligne du milieu | La régularité et la qualité du trot,<br>l'incurvation<br>régulière, le rassembler, la fluidité.<br>L'orientation. Le croisement des membres. | | 2 | |
| 11 | avant C  Pas rassemblé<br>C  Piste à main gauche<br>H  Doubler<br>Entre G et M  Demi-pirouette à gauche | Régularité, activité, rassembler.<br>Dimension, pli et l'incurvation dans la demi-pirouette.<br>Tendance vers l'avant.<br>Le contact et la nuque.<br>Le maintien des quatre temps. | | 1 | |
| 12 | Entre G & H  Demi-pirouette à droite<br>GM  Pas rassemblé | Régularité, activité, rassembler.<br>Dimension, pli et l'incurvation dans la demi-pirouette.<br>Tendance vers l'avant.<br>Le contact et la nuque.<br>Le maintien des quatre temps. | | 1 | |
| 13 | Le pas rassemblé C-H-G-(M)-G-(H)-G-M | La régularité, la souplesse du dos.<br>L'activité et le raccourcissement des pas.<br>se porte<br>de lui-même. Le contact et la nuque. | | 2 | |
| 14 | MRXVF  Pas allongé | La régularité, souplesse du dos.<br>L'activité et<br>l'amplitude. La liberté des épaules.<br>L'extension vers le contact. | | 2 | |

| N° | Lettre | Figure | Critères | | Coef. | |
|---|---|---|---|---|---|---|
| 15 | Avant<br>K<br><br>K<br><br>KAF | Pas rassemblé<br><br>Partir au galop rassemblé<br>à gauche<br>Galop rassemblé | *Précision du départ, fluidité.*<br><br>*Qualité et rectitude du galop.* | | 1 | |
| 16 | FX<br><br>X | Appuyer à gauche<br><br>Changement de pied | *La qualité du galop.*<br>*Le rassembler, l'équilibre, l'incurvation régulière.*<br>*L'orientation et la fluidité.*<br>*La qualité du changement de pied.* | | 1 | |
| 17 | XM<br><br>M<br>MCH | Appuyer à droite<br><br>Changement de pied<br>Galop rassemblé | *La qualité du galop.*<br>*Le rassembler, l'équilibre, l'incurvation régulière.*<br>*L'orientation et la fluidité.*<br>*La qualité du changement de pied.* | | 1 | |
| 18 | H<br><br>Entre<br>H & X | Avancer en direction de X au galop rassemblé<br><br>Demi-pirouette à gauche | *Le rassembler, se porte de lui-même, l'équilibre, la taille, le pli et l'incurvation.*<br>*La correction du nombre de foulées (3-4).*<br>*La qualité du galop avant et après la pirouette.* | | 2 | |
| 19 | HC<br><br>C | Contre-galop<br><br>Changement de pied en l?air | *Qualité et rassembler du contre-galop.*<br><br>*Correction, équilibre, fluidité, tendance montante, rectitude du changement.* | | 1 | |
| 20 | M<br><br>Entre<br>M et X | Avancer vers X au galop rassemblé<br><br>Demi-pirouette à droite | *Le rassembler, se porte de lui-même, l'équilibre, la taille, le pli et l'incurvation.*<br>*La correction du nombre de foulées (3-4).*<br>*La qualité du galop avant et après la pirouette.* | | 2 | |
| 21 | MC<br><br>C | Contre-galop<br><br>Changement de pied en l?air | *Qualité et rassembler du contre-galop.*<br><br>*Correction, équilibre, fluidité, tendance montante, rectitude du changement.* | | 1 | |
| 22 | HXF<br><br>FAK | Sur la diagonale,<br>5 changements de pied aux 4 temps<br>Galop rassemblé | *La correction, l'équilibre, le coulant la tendance montante, la rectitude.*<br><br>*La qualité du galop avant et après.* | | 1 | |
| 23 | KXM<br><br>MCH | Sur la diagonale,<br>5 changements de pied aux 3 temps<br>Galop rassemblé | *La correction, l'équilibre, le coulant la tendance montante, la rectitude.*<br><br>*La qualité du galop avant et après.* | | 1 | |
| 24 | HXF | Galop allongé | *La qualité, la projection et l'amplitude des foulées. L'adaptation de l'attitude.*<br>*L'équilibre, la tendance montante, la rectitude.* | | 1 | |
| 25 | F<br><br>FA | Galop rassemblé et changement de pied<br>Galop rassemblé | *La qualité du changement de pied, sur la diagonale.*<br><br>*Précision et moelleux de la transition.* | | 1 | |
| 26 | A<br><br>X | Doubler dans la longueur<br><br>Arrêt - immobilité - salut | *La qualité du galop, de l'arrêt et de la transition.*<br>*La rectitude.*<br>*Le contact et la nuque.* | | 1 | |
| | | Quitter la piste au pas libre, les rênes longues. | | | | |

| | | | | TOTAL/320 : | | COMMENTAIRES |
|---|---|---|---|---|---|---|

**NOTES D'ENSEMBLE**

| | | Coef. | |
|---|---|---|---|
| 1 | Allures (franchise et régularité). | 1 | |
| 2 | Impulsion (désir de se porter en avant, élasticité des foulées, souplesse du dos et engagement de l'arrière main). | 1 | |
| 3 | Soumission (attention et confiance, harmonie, légèreté et aisance des mouvements, soumission au mors et légèreté de l'avant-main). | 2 | |
| 4 | Position et assiette du cavalier, correction et effet des aides. | 2 | |

| TOTAL/380 : | ............................ pts |
|---|---|

**POINTS DE PENALITE EVENTUELS A DEDUIRE :**

Points de pénalité ............................ pts (5 maximum)

TOTAL POINTS : = ............................ pts

Conversion en pourcentage soit ............................ %

**POURCENTAGE EVENTUEL A DEDUIRE pour erreur ou omission :**

1er fois (-1%) ; 2e fois (-1%) ; 3e fois (Elimination) ............................ % (2 maximum)

**POURCENTAGE FINAL :** = ............................ %

**Signature du juge**

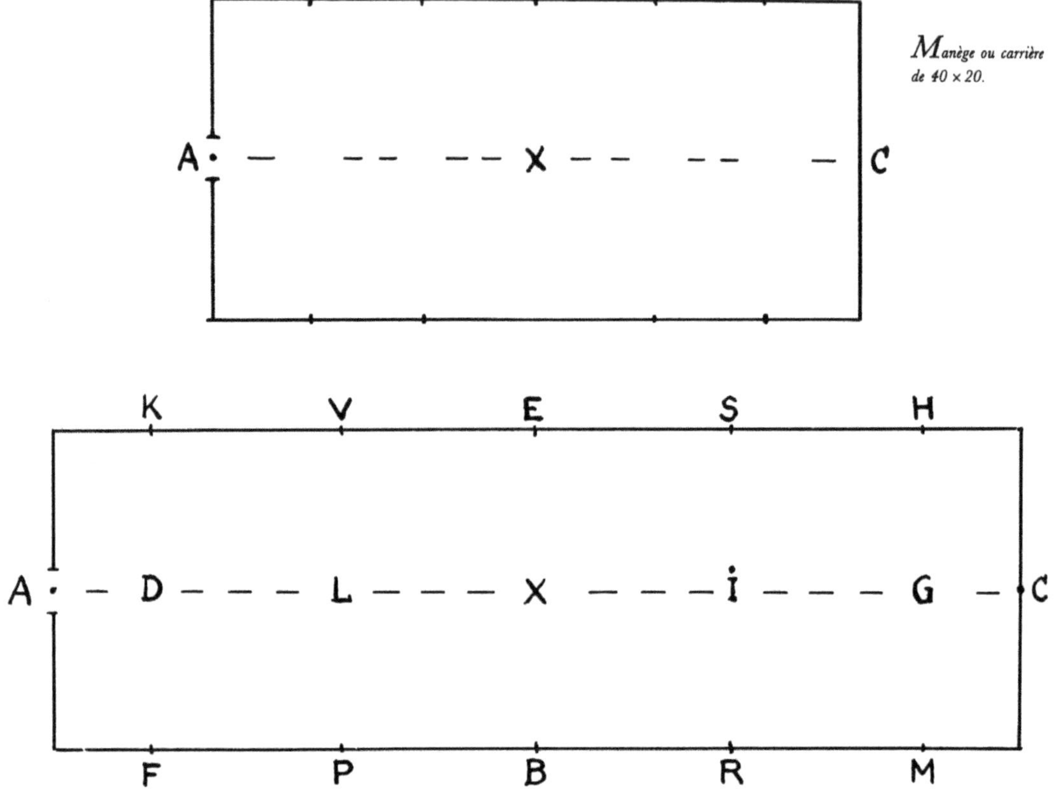


*Manège ou carrière de 60 × 20 dits « olympiques ».*

On les pratique aussi en extérieur dans la « carrière ».

Le manège et la carrière, avec leurs points de repère matérialisés par des lettres, fournissent le cadre le plus approprié au travail du cheval, ainsi qu'au perfectionnement du cavalier.

Il est en effet très important pour ce dernier de suivre dès le début une méthode précise et rigoureuse. On désigne sous le nom de « piste à main droite » le fait que le cavalier et son cheval tournent autour du manège dans le sens des aiguilles d'une montre, c'est-à-dire en ayant le centre du manège à sa droite, et inversement « piste à main gauche » le fait que le cavalier ait le centre du manège à sa gauche.

du même auteur

Aux éditions BoD :

Leçons d'Équitation.

Journal d'un cavalier
Équitation, CSO, sports et loisirs (éditions Chapitre.com).

**Rééditions chez BoD :**

Dressage, André Jousseaume
Équitation ancienne et moderne, baron de Vaux
Journal d'un écuyer tome 1 année 2012, Luc Pirick
Le gymnase du cheval, Gustave Steinbrecht
Dressage méthodique du cheval de selle, Faverot de Kerbrech
Traité d'équitation, François Robichon de La Guérinière
Piaffer et passage, Albert Decarpentry
Main sans jambes. Etienne Beudant

**Chez l'auteur, uniquement sur commande :**

Les écoles de cavalerie Arthur baron de Vaux
Méthode de haute école,  avec atlas, de Charles Raabe
A la française, pages choisies de La Guérinière, George De Lagarenne

# BIBLIOGRAPHIE


Dr vétérinaire André.- *Mécanique équestre*

François Baucher. – *Méthode d'équitation 14ème édition ; Dictionnaire.*

Étienne Beudant.- *Extérieur et haute école ; main sans jambes.*

Colonel Challan Belval.- *Dressage*

Albert Decarpentry.- *Équitation académique ; Baucher et son école.*

Général Pierre Durand.- *L'équitation française.*

Faverot de Kerbrech.- *Dressage méthodique du cheval de selle.*

James Fillis.- *Principes de dressage et d'équitation.*

De La Guérinière.- *Traité d'équitation.*

André Jousseaume.- *Dressage.*

Alexis L'Hotte.- *Un officier de cavalerie ; Questions équestres.*

Paul Morand.- *Anthologie de la littérature équestre.*

George H Morris.- *Style et CSO*

Nuno Oliveira.- *Œuvres complètes*

Luc Pirick.- *Guide du moniteur; pages Facebook.*

Charles Raabe.- *Méthode de haute école d'équitation.*

Gustav Steinbrecht.- *Le gymnase du cheval.*

Général Wattel.- *Souvenirs équestres*